日本の伝統芸能を楽しむ

落語・寄席芸

もくじ

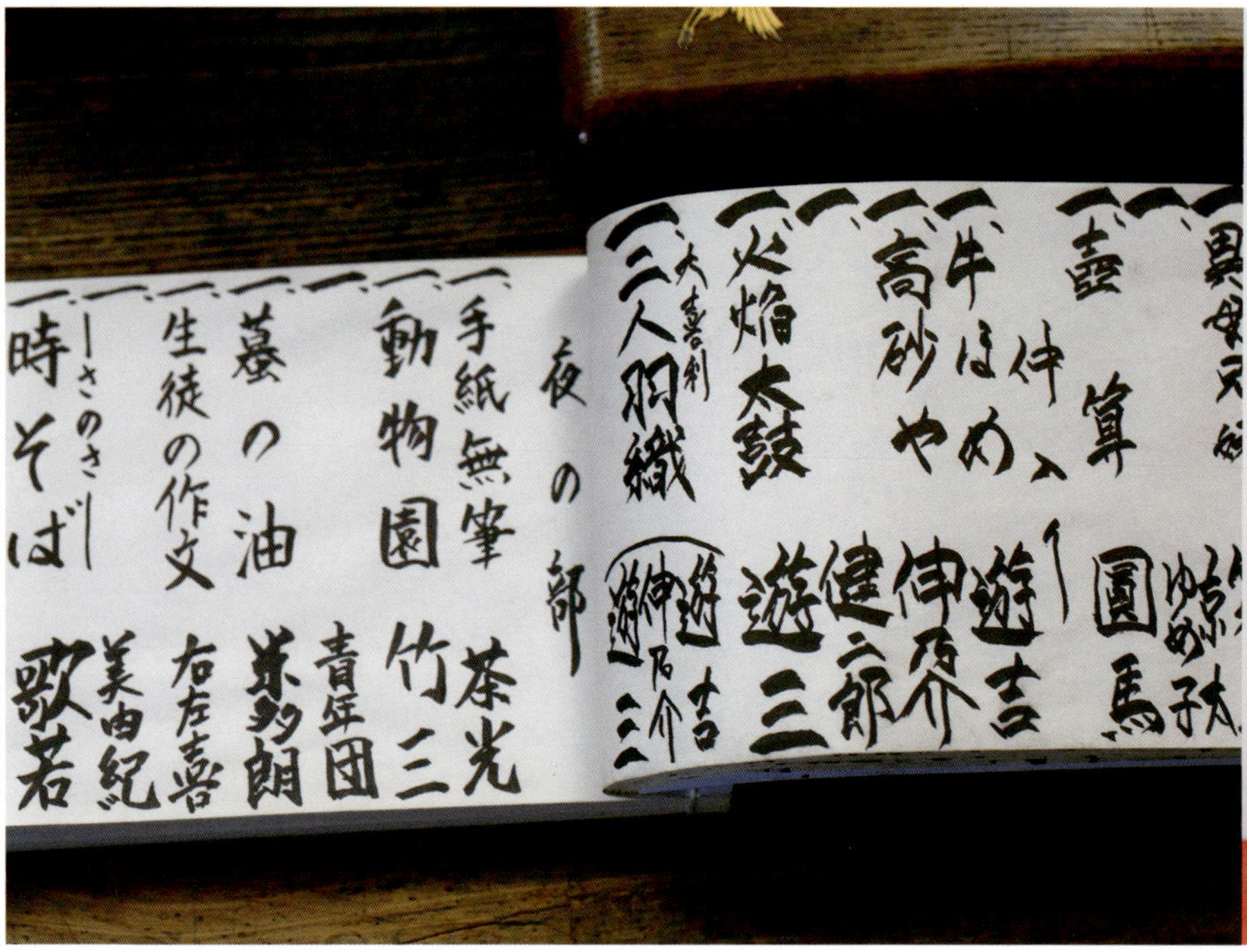

楽屋《がくや》（ネタ）帳《ちょう》。その日に出た演芸《えんげい》の題名が書かれているので、あとから出る芸人《げいにん》が見て、自分の演《えん》じるものを決める参考《さんこう》にします。

さて、なにを食べているしぐさでしょうか？
橘家圓太郎《たちばなやえんたろう》

はじめに

伝統芸能《でんとうげいのう》というと、なにやらかたくるしいもの、理解《りかい》するのがむずかしいものという印象《いんしょう》があるかもしれません。たしかにそういう面がいくらかあるのは事実ですが、落語《らくご》をはじめとする寄席《よせ》芸能《げいのう》についていうなら、そうした側面《そくめん》は、ほんのわずかです。

漫才《まんざい》をテレビで見たことがある人は、たくさんいるでしょう。あれを見てむずかしいと思う人が、どのくらいいるでしょうか？

漫才《まんざい》もまた、落語《らくご》や講談《こうだん》や太神楽《だいかぐら》などと同じ、寄席《よせ》芸能《げいのう》の一つです。寄席《よせ》芸能《げいのう》の世界は、テレビのお笑《わら》いと地続《じつづ》きなのです。

ですから、まずはなにも考えずに見て、聞いてみるのがよいと思います。できれば、実際《じっさい》に寄席《よせ》や落語会《らくごかい》に足を運んでもらうと、臨場感《りんじょうかん》があって楽しさも倍増《ばいぞう》します。

なんの知識《ちしき》もないまま落語《らくご》を聞いても、おそらく六割《わり》から七割《わり》くらいはわかります。勘《かん》のいい人なら八割《わり》以上《いじょう》わかるかもしれません。細かいところはわからなくても、「なんとなく」わかるのです。

この「なんとなく」というところが大事です。「なんとなく」おもしろいと思い、「なんとなく」興味《きょうみ》をひかれたら、あなたはすでに寄席《よせ》芸能《げいのう》の世界に足を一歩ふみいれています。

扇子《せんす》と手ぬぐいが基本《きほん》の小道具《こどうぐ》！

寄席《よせ》の前に立てかけられた寄席文字《よせもじ》の看板《かんばん》。その日の出演者《しゅつえんしゃ》が書かれています。

開場《かいじょう》のときにたたく一番太鼓《いちばんだいこ》。「ドンドンドントコイ」と聞こえるようにたたきます。

落語《らくご》をはじめとする寄席芸能《よせげいのう》は、なんの予備知識《よびちしき》がなくても楽しむことができます。けれども、なんらかの知識《ちしき》があれば、さらにその奥《おく》深《ぶか》さにアクセスすることができます。たとえば江戸時代《えどじだい》のことや寄席《よせ》のしくみ、芸《げい》の特質《とくしつ》などがわかれば、単《たん》なる表面的《ひょうめんてき》なおもしろさとは別《べつ》の、深いおもしろさがあることに気づくでしょう。

落語《らくご》は江戸時代《えどじだい》に生まれ、明治時代《めいじじだい》にかけて発展《はってん》してきた芸能《げいのう》です。いいえ、正確《せいかく》にいえば、江戸《えど》から明治《めいじ》にかけてジャンルとして確立《かくりつ》したということで、今でも発展《はってん》しつつある現在進行形《げんざいしんこうけい》の芸能《げいのう》です。それぞれの時代の民衆《みんしゅう》が「おもしろい」と思わなければ、どこかでほろびていたはずです。それが今でも生き生きと演《えん》じつづけられているということは、それぞれの時代の民衆《みんしゅう》が気軽に落語《らくご》を楽しんできた証拠《しょうこ》です。落語《らくご》は気軽に楽しむ芸能《げいのう》なのです。それは、ほかの寄席芸能《よせげいのう》も同じです。

この本では、落語《らくご》を中心とした寄席芸能《よせげいのう》について、「これを知れば、さらにいちだんとおもしろさがます」ということがらを紹介《しょうかい》しています。落語《らくご》に興味《きょうみ》をもった人がこの本を読めば、「ああそうだったのか」と納得《なっとく》してもらえると思いますし、まったく知識《ちしき》のない人が、この本をきっかけに寄席芸能《よせげいのう》に興味《きょうみ》をもち、実際《じっさい》に寄席《よせ》に足を運んでくれれば、こんなにうれしいことはありません。

【基礎知識編《きそちしきへん》】

落《ら》語《くご》ってどういうものかな？

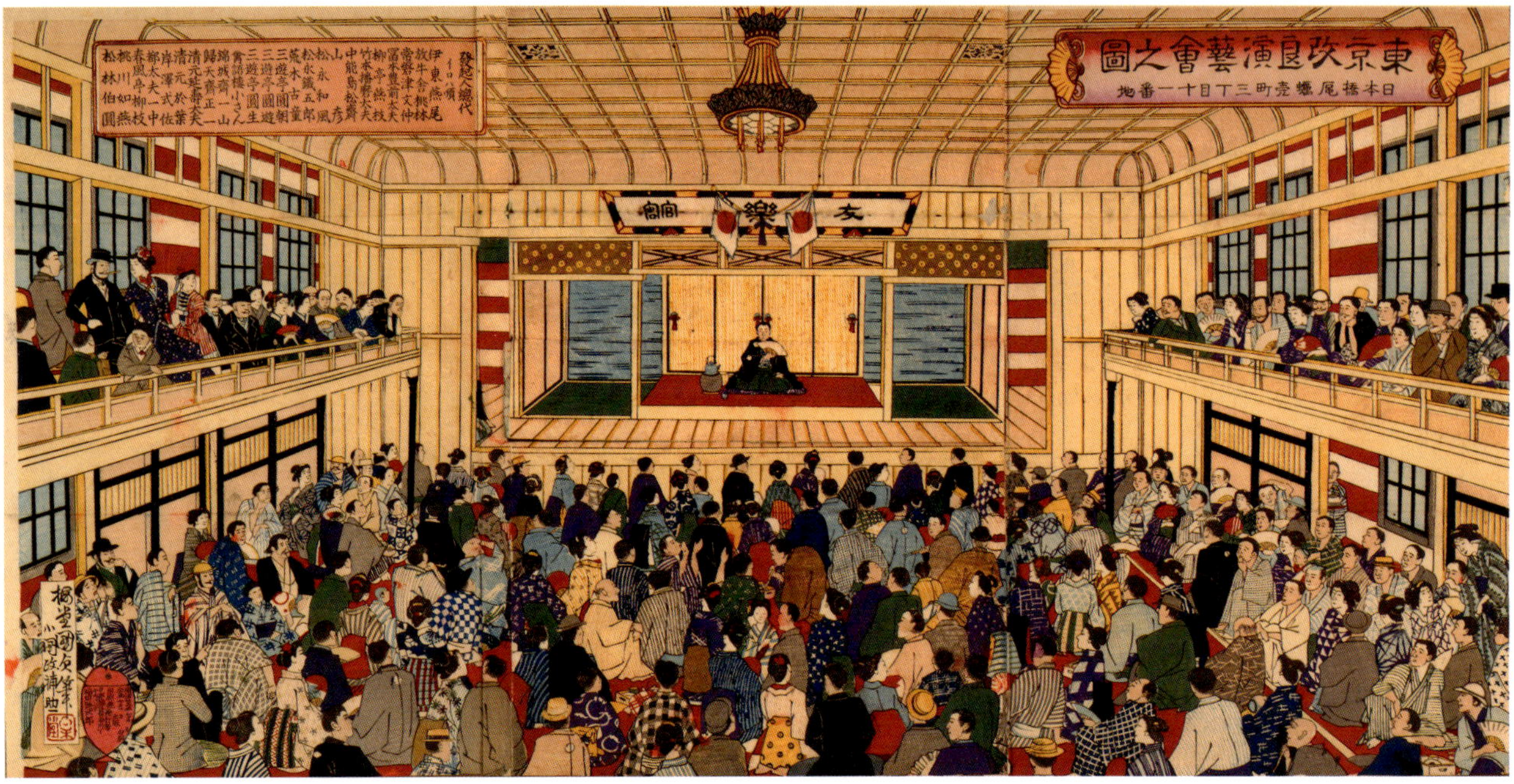

日本橋蛎殻町《にほんばしかきがらちょう》に建設《けんせつ》された大劇場《だいげきじょう》「友楽館《ゆうらくかん》」で開かれた演芸会《えんげいかい》のようす。　『東京改良演芸会之図《とうきょうかいりょうえんげいかいのず》』梅堂国貞画《ばいどうくにさだえ》（国立劇場蔵《こくりつげきじょうぞう》）

落語《らくご》の起源《きげん》

織田信長《おだのぶなが》や豊臣秀吉《とよとみひでよし》ら戦国大名《せんごくだいみょう》のそばには、「おとぎ衆《しゅう》」あるいは「おはなし衆《しゅう》」とよばれる人たちがいました。たとえば信長《のぶなが》には野間藤六《のまとうろく》、秀吉《ひでよし》には曽呂利新左衛門《そろりしんざえもん》がつかえています。かれらは気晴らしのためにおもしろおかしい話をして聞かせました。そうした話が今日《こんにち》の落語《らくご》のもとになったといえるでしょう。

なかでも、最《もっと》も有名なのは安楽庵策伝《あんらくあんさくでん》で、もともと浄土宗《じょうどしゅう》の説教僧《せっきょうそう》（人々《ひとびと》に仏教《ぶっきょう》の教えをわかりやすく説《と》いて聞かせる僧侶《そうりょ》）で茶人《ちゃじん》でもあった人です。

策伝《さくでん》は仏教《ぶっきょう》をおもしろおかしく説《と》くために、たくさんの笑《わら》い話《ばなし》をおぼえていたのでしょう。江戸時代《えどじだい》のはじめに、自分が習いおぼえた笑《わら》い話《ばなし》を『醒睡笑《せいすいしょう》』という本にまとめました。このなかには「子《こ》ほめ」「平林《ひらばやし》」「てれすこ」など、今日《こんにち》でも演《えん》じられている落語《らくご》の原型《げんけい》がふくまれています。

落語家《らくごか》の元祖《がんそ》

江戸時代《えどじだい》も百年になろうというころ、落語家《らくごか》の元祖《がんそ》といわれる人たちがあらわれました。京都には露《つゆ》の五郎兵衛《ごろべえ》、大坂《おおざか》（今の大阪《おおさか》）には米沢彦八《よねざわひこはち》、江戸《えど》には鹿野武左衛門《しかのぶざえもん》が、同じ時期に登場して活躍《かつやく》しました。ちょうど元禄時代《げんろくじだい》のすぐ前のあたりです。

かれらは寺社の境内《けいだい》などに簡易《かんい》な小屋をつくり、そこでおもしろおかしい話をしました。これを「辻《つじ》ばなし」といいます。

寄席《よせ》のはじまり

落語《らくご》を演《えん》じる決まった場所のことを「寄席《よせ》」といいます。寄席《よせ》がはじまったのは、今から二百年くらい前のことです。記録《きろく》によれば、寛政《かんせい》十年（一七九八年）ごろに、江戸《えど》と大坂《おおざか》でほぼ同時に寄席《よせ》が生まれました。

江戸《えど》では初代《しょだい》三笑亭可楽《さんしょうていからく》（一七七七～

三遊亭圓朝《さんゆうていえんちょう》の肖像《しょうぞう》
『圓朝全集《えんちょうぜんしゅう》』第《だい》一巻巻頭《かんかんとう》より（国立劇場蔵《こくりつげきじょうぞう》）

死んだ名士《めいし》たちが集まり、極楽《ごくらく》の高座《こうざ》で清元延寿太夫《きよもとえんじゅだゆう》の語りを聞いている絵。
『蓮台高名大一座《はすのうてなこうめいおおいちざ》』（国立劇場蔵《こくりつげきじょうぞう》）

一八三三）という人が、はじめて寄席《よせ》を開いたとされています。可楽《からく》は、もともと櫛《くし》をつくる職人《しょくにん》でしたが、一念発起《いちねんほっき》して落語《らくご》家《か》になりました。可楽《からく》のもとからは多くの弟子《でし》が育ちました。

また、大坂《おおさか》から来た岡本萬作《おかもとまんさく》という落語《らくご》家《か》が、江戸《えど》の神田《かんだ》ではじめて寄席《よせ》の興行《こうぎょう》を行っています。

一方、大坂《おおさか》では、初代桂文治《しょだいかつらぶんじ》（一七七三～一八一五）が坐摩神社《いかすりじんじゃ》の境内《けいだい》で寄席《よせ》をはじめました。

落語《らくご》は庶民《しょみん》のあいだで人気を集めました。同じく人気の高かった歌舞伎《かぶき》は、見るのにお金がかかるので、気軽に楽しむわけにはいきません。その点、寄席《よせ》は気軽に出かけて安い値段《ねだん》で楽しむことができたのです。

三遊亭圓朝《さんゆうていえんちょう》登場

明治《めいじ》になると三遊亭圓朝《さんゆうていえんちょう》（一八三九～一九〇〇）という落語家《らくごか》があらわれて、落《らく》語《ご》をさらに盛《も》りあげました。

圓朝《えんちょう》は当時開発された「速記《そっき》」という、話し言葉をそのまま書きとる技術《ぎじゅつ》を使って、怪談《かいだん》『牡丹燈籠《ぼたんどうろう》』を文字にして出版《しゅっぱん》しました。これによって全国の人々《ひとびと》が落語《らくご》に親しめるようになり、落語《らくご》がたくさんの人に知られるようになりました。

また『牡丹燈籠《ぼたんどうろう》』のほかにも、『芝浜《しばはま》』『文七元結《ぶんしちもっとい》』『真景累ヶ淵《しんけいかさねがふち》』など多くのすぐれた噺《はなし》をつくり、後世に残《のこ》しました。

落語《らくご》の特色《とくしょく》

落語家《らくごか》が落語《らくご》をしゃべるのを聞いていると、思わず噺《はなし》のなかに引きこまれて、アハハと笑《わら》ってしまいます。笑《わら》うと気持ちが楽しくなりますね。これが落語《らくご》の一番の魅《み》力《りょく》です。

落語《らくご》にはたくさんの人間が出てきます。落語家《らくごか》は一人でそれらの人物を演《えん》ずるのです。どうやって多くの人物を演《えん》じわけるのかというと、「上下《かみしも》」という技術《ぎじゅつ》を使います。

はじめにななめ右をむいて「こんにちは」といい、次にななめ左をむいて「やあ、元気かい？」というと、二人の人物がむかいあって会話をしているように見えます。上《かみ》手《て》（客席《きゃくせき》から見て左）を見たり下手《しもて》（客席《きゃくせき》から見て右）を見たりするので「上下《かみしも》」というのです。「上下《かみしも》」は落語《らくご》にとって、とても大事な技術《ぎじゅつ》です。

落語《らくご》早わかり

【基礎《きそ》知識《ちしき》編《へん》】

たった一人ですべての登場人物を演《えん》じる落語《らくご》。落語《らくご》のおもしろさは、どんなところからくるのでしょうか？

噺《はなし》の流れ

一席《いっせき》の落語《らくご》（落語《らくご》の演目《えんもく》は一席《いっせき》、二席《にせき》とかぞえます）は、「マクラ」「本題」「サゲ」という、三つの部分からなりたっています。

マクラは、本題へ入るための前置《まえお》き、導入《どうにゅう》です。音楽でいえば、イントロ（前奏《ぜんそう》）にあたります。そのときその場の話題や、本題に関係《かんけい》のある小噺《こばなし》などで観客《かんきゃく》の気持ちを引きつけ、本題へとみちびきます。（下図㋐）

本題は物語の本体です。（下図㋑～㋔）そして最後《さいご》に待っているのが「サゲ（オチともいう）」です。サゲで観客《かんきゃく》をどっと笑《わら》わせて終わるのが、落語《らくご》の理想的《りそうてき》な形です。（下図㋕）

むかしはサゲが大事とされていましたが、最近《さいきん》では、内容《ないよう》がよければサゲはあまり重要《じゅうよう》でないと考える人がふえてきました。

「あくび指南《しなん》」より

落語《らくご》の種類《しゅるい》

落語《らくご》の演目《えんもく》を分類《ぶんるい》するには、いろいろな方法《ほうほう》があります。

笑《わら》いを主眼《しゅがん》とする噺《はなし》を「こっけい噺《ばなし》」といいます。こっけい噺《ばなし》の多くはサゲ(オチ)をもっているので、「落《お》とし噺《ばなし》」ともよばれます。

それに対して、笑《わら》いを主眼《しゅがん》としない噺《はなし》を「人情噺《にんじょうばなし》」といいます。その多くが人情《にんじょう》の機微《きび》をえがいていることから、こうよばれています。人情噺《にんじょうばなし》は長編《ちょうへん》が多く、原則《げんそく》としてサゲをもちません。また「怪談噺《かいだんばなし》」も広い意味での人情噺《にんじょうばなし》にふくめることがあります。

ただし、サゲをもつ人情噺《にんじょうばなし》や、サゲをもたないこっけい噺《ばなし》もあり、すべてがこの分け方にあてはまるとはかぎりません。

そのほか、登場人物や舞台背景《ぶたいはいけい》などに着目《ちゃくもく》して、「こっけい噺《ばなし》」をさらに分類《ぶんるい》すると、「長屋噺《ながやばなし》」「泥棒噺《どろぼうばなし》」「与太郎噺《よたろうばなし》」などに分かれます。また、噺《はなし》の途中《とちゅう》で三《しゃ》味《み》線《せん》や太鼓《たいこ》や唄《うた》などが入る噺《はなし》を「音曲《おんぎょく》噺《ばなし》」といいます。

与太郎噺《よたろうばなし》

「金明竹《きんめいちく》」「牛《うし》ほめ」など

泥棒噺《どろぼうばなし》

「芋俵《いもだわら》」「出来心《できごころ》」など

怪談噺《かいだんばなし》

「三年目《さんねんめ》」「お菊《きく》の皿《さら》」など

長屋噺《ながやばなし》

「まんじゅうこわい」「長屋《ながや》の花見《はなみ》」など

古典《こてん》落語《らくご》と新作《しんさく》落語《らくご》

「古典《こてん》落語《らくご》」「新作《しんさく》落語《らくご》」という、よび方もあります。

いろいろな説《せつ》がありますが、むかしから受けつがれ、落語《らくご》の世界の共《きょう》有財産《ゆうざいさん》になっている噺《はなし》を「古典落語《こてんらくご》」、あらたに創作《そうさく》された落語《らくご》を「新作落《しんさくらく》語《ご》」とよぶのが一般的《いっぱんてき》です。

古典落語《こてんらくご》の多くは、江戸《えど》から明治《めいじ》にかけてつくられ、その時代、もしくはそれ以前《いぜん》の時代を舞台《ぶたい》としています。一方、新作落語《しんさくらくご》の多くは現代《げんだい》を舞台《ぶたい》としています。

古典落語《こてんらくご》は、多くの演者《えんじゃ》によって演《えん》じられてきたので、演出《えんしゅつ》や言葉が洗練《せんれん》され、みがかれています。見方を変《か》えれば、演者《えんじゃ》の上手下手が、たちどころにわかってしまうのです。

それに対して新作落語《しんさくらくご》は、演者自《えんじゃ》身がつくって自分で演《えん》じることも多く、他人と比較《ひかく》されないかわりに、完成度《かんせいど》を高めることがむずかしくなります。

コラム 亭号《ていごう》ってなに？

「柳家《やなぎや》」「三遊亭《さんゆうてい》」「桂《かつら》」「笑福亭《しょうふくてい》」のような、落語家《らくごか》の芸名《げいめい》の名字にあたる部分を「亭号《ていごう》」とよんでいます。弟子《でし》は基本的《きほんてき》に師匠《ししょう》と同じ亭号《ていごう》を名乗りますので、亭号《ていごう》で一門《いちもん》の系譜《けいふ》を想像《そうぞう》することができます。

明治時代《めいじじだい》には東京の落語家《らくごか》は、「柳派《やなぎは》」と「三遊派《さんゆうは》」に分かれ、こっけい噺《ばなし》を得意《とくい》とする柳派《やなぎは》に対して、三遊派《さんゆうは》は人情噺《にんじょうばなし》を得意《とくい》とするなど、芸風《げいふう》においても特徴《とくちょう》がありました。

なかには「三遊亭遊三《さんゆうていゆうざ》」「三笑亭《さんしょうてい》笑三《しょうざ》」など下から読んでも同じ名前や、「金魚家錦魚《きんぎょやきんぎょ》」などシャレになっている名前もあります。

笑《わら》いと感動　新作落語《しんさくらくご》の決定版《けっていばん》！

かんしゃく（益田太郎冠者《ますだたろうかじゃ》 作《さく》）

かんしゃく持ちの主人が帰宅《きたく》すると、門のそうじができていない、掛《か》け軸《じく》が曲がっているなど、やたらにどなりちらす。女房《にょうぼう》は、こんな夫《おっと》はしんぼうできないと一度は思うが、親にさとされて、すべてをきちんとした上で主《あるじ》の帰りを待つことに。

帰ってきた主《あるじ》は、なにも文句《もんく》をつけるところがないのにいらいらして、「これではわしが怒《おこ》ることができんじゃないか」とどなる。

明治時代《めいじじだい》につくられた新作落語《しんさくらくご》ですが、今はもう古典落語《こてんらくご》の仲間入《なかまい》りをしています。

結婚式風景《けっこんしきふうけい》（春風亭柳昇《しゅんぷうていりゅうしょう》 作《さく》・演《えん》）

春風亭柳昇《しゅんぷうていりゅうしょう》自作自演《じさくじえん》の新作落語《しんさくらくご》です。形《けい》式的《しきてき》でウソに満《み》ちた「結婚式《けっこんしき》」を皮肉《ひにく》っていて爆笑《ばくしょう》をさそいました。新婦《しんぷ》の経歴《けいれき》を紹介《しょうかい》するのに、「新婦《しんぷ》の花子さんは、学校を優等《ゆうとう》で卒業《そつぎょう》なさいました方といっしょに卒業《そつぎょう》なさいました」など、ナンセンスなくすぐり（笑《わら》わせる部分）に満《み》ちています。三遊亭円歌《さんゆうていえんか》の「授業中《じゅぎょうちゅう》」とともに、昭和《しょうわ》四十年代《ねんだい》を代表する新作落語《しんさくらくご》といってもよいでしょう。

横松和平《よこまつわへい》（三遊亭円丈《さんゆうていえんじょう》 作《さく》・演《えん》）

昭和《しょうわ》五十年代に三遊亭円丈《さんゆうていえんじょう》が登場して、それまでの新作落語《しんさくらくご》の流れを変《か》えました。演者《えんじゃ》が自分の個性《こせい》を色濃《いろこ》く投影《とうえい》させて落語《らくご》をつくるようになったのです。

「横松和平《よこまつわへい》」は、売れない夫婦漫才師《めおとまんざいし》が主人公。漫才《まんざい》で売れないので、レポーターになるべくレポートの練習をしようと、寄席《よせ》の楽《がく》屋《や》や回転寿司屋《かいてんずしや》に行く。その帰り、二人は自分たち自身のレポートをはじめる。

笑《わら》うと同時に感動《かんどう》して涙《なみだ》がこぼれてしまう名作です。

【基礎知識編《きそちしきへん》】

上方《かみがた》落語《らくご》ってどういうものかな？

落語《らくご》には、大きく分けて江戸落語《えどらくご》と上方落語《かみがたらくご》があります。では、上方落語《かみがたらくご》は江戸落語《えどらくご》と、どこがちがうのでしょう？

落語《らくご》は、上方《かみがた》（大坂《おおさか》・京都《きょうと》）と江戸《えど》（東京）で発展《はってん》した都市芸能《としげいのう》です。落語《らくご》の元祖《がんそ》といわれる「辻《つじ》ばなし」が登場したのは、上方《かみがた》でも江戸《えど》でも、ほぼ同時期で、元禄時代《げんろくじだい》の直前くらいのころでした。

「辻《つじ》ばなし」は、寺社の境内《けいだい》などに仮設《かせつ》の簡単《かんたん》な小屋を建《た》てて噺《はなし》を聞かせたもので、今でいう大道芸《だいどうげい》に近いおもむきがありました。こうした「辻《つじ》ばなし」の要素《ようそ》を強く残《のこ》したのが上方落語《かみがたらくご》で、力強く、にぎやかで、派手《はで》な傾向《けいこう》があります。

上方落語《かみがたらくご》の小道具《こどうぐ》

上方落語《かみがたらくご》の場合は、手ぬぐい、扇子《せんす》のほかに、見台《けんだい》、膝《ひざ》かくし、小拍子《こびょうし》が小道具《こどうぐ》として使われます。

❶ 見台《けんだい》
落語家《らくごか》の前に置《お》く小さな机《つくえ》で、書きもの机《づくえ》やまな板などに見立てます。演目《えんもく》によって使わない場合や、使用しない落語家《らくごか》もいます。

❷ 小拍子《こびょうし》
小さな拍子木《ひょうしぎ》で、見台《けんだい》の上に置《お》かれています。鳴らすときは左手で小拍《こびょう》子を持って、カチャカチャと見台《けんだい》を打ちます。雰囲気《ふんいき》を変《か》えたり、噺《はなし》の場面転換《ばめんてんかん》の合図に使います。

❸ 膝《ひざ》かくし
見台《けんだい》の前に立てる小さなついたてで、演者《えんじゃ》の膝《ひざ》をかくします。

上方落語《かみがたらくご》の基本的《きほんてき》な高座《こうざ》スタイル。見台《けんだい》を前に噺《はなし》をする、桂《かつら》 文我《ぶんが》さん。

高座《こうざ》での音楽

上方落語《かみがたらくご》では「はめもの」といって、三味線《しゃみせん》や太鼓《たいこ》（大太鼓《おおだいこ》・締太鼓《しめだいこ》・鉦《かね》・拍子木《ひょうしぎ》・銅鑼《どら》）、笛などを使って効果《こうか》をあげる演出法《えんしゅつほう》が多くもちいられます。演奏者《えんそうしゃ》は舞台《ぶたい》そでにいて、高座《こうざ》の落語《らくご》に合わせて演奏《えんそう》するのです。これにより風情《ふぜい》をかきたてたり、場面をいかにも効果的《こうかてき》に説明《せつめい》したり、にぎやかさを盛《も》りあげたりします。

落語《らくご》は原則《げんそく》として一人で演《えん》ずる芸《げい》ですが、「はめもの」の場合は一種《いっしゅ》のアンサンブル（合奏《がっそう》）になるわけです。

階級制度《かいきゅうせいど》

江戸落語《えどらくご》には、見習《みなら》い・前座《ぜんざ》・二《ふた》ツ目《め》・真打《しんうち》という階級制度《かいきゅうせいど》があります。上方落語《かみがたらくご》にもかつては、前座《ぜんざ》・中座《なかざ》・真打《しんうち》という制度《せいど》がありましたが、定席《じょうせき》（常設《じょうせつ》の寄席《よせ》）が消えるとともに、ランクづけもなくなりました。

江戸落語《えどらくご》でいう「見習《みなら》い」「前座《ぜんざ》」のしごと（↓P26）は、入門してまもない弟子《でし》が行います。また、笛や太鼓《たいこ》などの鳴物《なりもの》は、それを得意《とくい》とする落語家《らくごか》が演奏《えんそう》します。

大阪《おおさか》に復活《ふっかつ》した定席《じょうせき》の「天満天神繁昌亭《てんまてんじんはんじょうてい》」では、「高座返《こうざがえ》し」「めくり」などの高座《こうざ》の準備《じゅんび》は、お茶子《ちゃこ》とよばれる女性《じょせい》が担当《たんとう》しています。

コラム 江戸落語《えどらくご》と上方落語《かみがたらくご》でちがう演題《えんだい》があるよ

古典落語《こてんらくご》では、みなさんもよく知っている「時《とき》そば」（江戸《えど》）と「時《とき》うどん」（上方《かみがた》）のように、同じような内容《ないよう》でも江戸落語《えどらくご》と上方《かみがた》落語《らくご》で演題《えんだい》がことなる噺《はなし》があります。話し言葉はもちろん、登場人物の名前や舞台《ぶたい》などが変《か》わることで、自分たちの住んでいる地域《ちいき》を身近に感じ、噺《はなし》の世界にすっと入っていけますね。

代表的《だいひょうてき》な噺《はなし》をいくつか紹介《しょうかい》します。機会《きかい》があったら、ぜひ聞きくらべてみてください。

【江戸落語《えどらくご》】		【上方落語《かみがたらくご》】
酢豆腐《すどうふ》	……………………	ちりとてちん
たらちね	……………………	延陽伯《えんようはく》
そば清《せい》（そばの羽織《はおり》）	……………………	蛇含草《じゃがんそう》
宿屋《やどや》の富《とみ》	……………………	高津《こうづ》の富《とみ》
花見《はなみ》の仇討《あだうち》	……………………	桜《さくら》の宮《みや》

【基礎知識編《きそちしきへん》】

落語家《らくごか》ってどういう人かな？

落語《らくご》は、高座《こうざ》の上で、たった一人で語る話芸《わげい》で、これを職業《しょくぎょう》としている人を「落語家《らくごか》」または「噺家《はなしか》」とよびます。

落語家《らくごか》は、噺《はなし》のなかに登場するさまざまな人や動物、さらには幽霊《ゆうれい》までを、声色《こわいろ》やしぐさを使いわけて、一人で生き生きと演《えん》じます。

落語《らくご》を聞くときは、想像力《そうぞうりょく》をふくらませ、情景《じょうけい》を思いうかべながら、その世界に入っていきましょう。

橘家圓太郎《たちばなやえんたろう》

落語家《らくごか》の基本《きほん》スタイル

落語家《らくごか》は着物を着て高座《こうざ》をつとめます。これは元来《がんらい》、特別《とくべつ》なことではなく、落語《らくご》がはじまった江戸《えど》時代《じだい》にはみんな着物を着ていたのです。世の中が変《か》わって、日本人がだんだん洋服を着るようになっても、落語《らくご》家《か》は着物を着て高座《こうざ》にあがりつづけたわけです。

ほとんどの日本人が洋服を着るようになった現在《げんざい》では、着物は落語家《らくごか》をあらわす一つのシンボルのようになりました。

羽織《はおり》が着られるのは、二《ふた》ツ目《め》になってからなんだ
早く羽織《はおり》を着たいなぁ

[羽織《はおり》＋着物]
着物と紋付《もんつ》きの羽織《はおり》の組みあわせが定番《ていばん》です。

[羽織《はおり》＋着物＋袴《はかま》]
大名《だいみょう》や武士《ぶし》が登場する噺《はなし》のときなどは、紋付《もんつ》きの着物に袴《はかま》をつけることもあります。

落語《らくご》で使われる小道具《こどうぐ》

落語家《らくごか》の小道具《こどうぐ》に扇子《せんす》と手ぬぐいがあります。これを使って、いろいろなものを表現《ひょうげん》するのです。

扇子《せんす》は「高座扇《こうざせん》」といって、白い無地《むじ》のものを使います。手ぬぐいは、着物の色合いと合わせたり、噺《はなし》の内容《ないよう》によって使いわけています。

【扇子《せんす》・手ぬぐいを使ったしぐさ、あれこれ】

さいふ　本　焼《や》きいも　かんざし　さかずき　そろばん　刀

羽織《はおり》のぬぎ方

噺《はなし》をはじめて少したつと羽織《はおり》をぬぎますが、これは、「ここから本題に入りますよ」という合図です。

コラム　粋《いき》で楽しい芸人《げいにん》たちの手ぬぐい

落語家《らくごか》や色物《いろもの》（→P32）の芸人《げいにん》たちは、二《ふた》ツ目以上《めいじょう》になると自分の名前を入れた手ぬぐいをつくれるようになります。絵柄《えがら》も、粋《いき》なものから似《に》顔絵《がおえ》が描《えが》かれたものまで、個《こ》性的《せいてき》で見ているだけでも楽しいものがたくさんあります。

手ぬぐいは、正月に会う、ほかの落語家《らくごか》や色物《いろもの》の芸人《げいにん》と交換《こうかん》します。また、お世話になった人や、ごひいきさんにわたすこともあります。落語《らくご》家《か》にとって名刺《めいし》のような役割《やくわり》もはたすのです。

【基礎知識編《きそちしきへん》】

落語家《らくごか》への道のり

落語家《らくごか》には、「見習《みなら》い」「前座《ぜんざ》」「二ツ目《ふため》」「真打《しんうち》」という身分制度《みぶんせいど》（階級）があります。ここでは、「落語家《らくごか》になるまで」の道のりを紹介《しょうかい》しましょう。

見習《みなら》い

落語家《らくごか》になりたいという人は、まず真打《しんうち》の落語家《らくごか》に弟子入《でしい》りを志願《しがん》します。「師匠《ししょう》の弟子《でし》にしてください」と、おねがいするわけです。「落語家《らくごか》は生活できないからやめなさい」と、ことわられることが多いのですが、それでひきさがったら落語家《らくごか》にはなれません。

何度もたのんで、師匠《ししょう》がようやく「弟子《でし》にしよう」とみとめてくれると、まずは見習《みなら》いになります。これは、師匠《ししょう》の身のまわりの世話をしながら、「本当に落語家《らくごか》になる気持ちがあるかどうか」を見られる期間で、だいたい半年から一年くらいです。まだプロの落語家《らくごか》ではありません。

前座《ぜんざ》

師匠《ししょう》が「これなら大丈夫《だいじょうぶ》だろう」と判断《はんだん》し、落語家《らくごか》の協会《きょうかい》に登録《とうろく》をすませると、前座《ぜんざ》になります。前座《ぜんざ》は、身分としては一番下ですが、プロの落語家《らくごか》です。

ほぼ毎日、休みなく寄席《よせ》の楽屋《がくや》ではたらくのが主なしごとです。寄席《よせ》で最初《さいしょ》に高座《こうざ》にあがって落語《らくご》を演《えん》ずるほか、高座返《こうざがえ》し（一席《いっせき》終わるたびに高座《こうざ》の座布団《ざぶとん》をひっくり返すこと）や、楽屋《がくや》での雑用《ざつよう》、師匠《ししょう》の身のまわりの世話などをします。さらに、寄席《よせ》の番組の進行も、前座《ぜんざ》が管理《かんり》します。

前座《ぜんざ》は落語家《らくごか》になるための修行期間《しゅぎょうきかん》で、一番つらい時期です。それでも毎日寄席《よせ》の楽《がく》屋《や》ではたらくことで、落語家《らくごか》としての基礎《きそ》が、知らず知らずのうちに身についていきます。

二《ふ》ツ目《ため》

前座《ぜんざ》を四年前後つとめると、二《ふ》ツ目《ため》に昇進《しょうしん》します。寄席《よせ》での出番は前座《ぜんざ》の次です。高座《こうざ》へ二つ目にあがる人なので「二《ふ》ツ目《ため》」とよぶのです。修行期間《しゅぎょうきかん》を終え、一人前の落語家《らくごか》としてみとめられたことになります。

二《ふ》ツ目《ため》の期間は、だいたい十年くらいです。毎日寄席《よせ》ではたらく必要《ひつよう》がないので、体は楽になりますが、この時期をどうすごすかが、落語家《らくごか》にとってはとても大事です。寄席《よせ》の出番が少なくなるので、自分で落語会《らくごかい》を企画《きかく》するなど、勉強の場をつくることも必要《ひつよう》になります。そうした努力《どりょく》のなかから、自分の芸風《げいふう》を確立《かくりつ》していくのです。

真打《しんうち》

落語《らくご》の技量《ぎりょう》や人気があがってくると、真打《しんうち》に昇進《しょうしん》します。真打《しんうち》は落語《らくご》家《か》の身分の上で最高《さいこう》の位《くらい》です。寄席《よせ》でトリをとる資格《しかく》ができ、弟子《でし》をとることができるようになります。

ただし、落語家《らくごか》全体の人数からすると真打《しんうち》が一番多く、落語家《らくごか》として高く評価《ひょうか》されるかどうかは、また別《べつ》の問題です。そこで最近《さいきん》では「真打《しんうち》は目標《もくひょう》ではなくスタートライン」といういい方がされることが多くなりました。落語家《らくごか》は一生が勉強なのです。

真打《しんうち》になるときには、寄席《よせ》で「真打昇進披露興行《しんうちしょうしんひろうこうぎょう》」が開かれます。新しい真打《しんうち》のお披露目《ひろめ》をして、みんなで門出《かどで》を祝《いわ》います。寄席《よせ》に披露興行《ひろうこうぎょう》の看板《かんばん》が出ていたら、ぜひ一度見てください。

【基礎知識編《きそちしきへん》】

落語家《らくごか》の修行《しゅぎょう》

落語家《らくごか》になるためには、噺《はなし》をおぼえるだけではなく、いろいろなおけいこごとをするのも大切な修行《しゅぎょう》です。その一つ一つが噺《はなし》のなかで生きてくるのです。

噺《はなし》のおぼえ方

落語《らくご》は、どのようにおぼえるのでしょうか？

落語《らくご》の噺《はなし》は、その噺《はなし》をおぼえている人から習います。本で読んだり、録音《ろくおん》を聞いておぼえたりしてはいけないというのが、落語家同士《らくごかどうし》のルールになっています。

多くの場合、師匠《ししょう》から弟子《でし》へ、先輩《せんぱい》から後輩《こうはい》へと、噺《はなし》が伝《つた》わっていきます。このように、一つの噺《はなし》が代々《だいだい》受けつがれていくことのなかに、落語《らくご》が伝統芸能《でんとうげいのう》である理由があります。

伝統的《でんとうてき》なやり方に「三遍《さんべん》げいこ」という方法《ほうほう》があります。目の前で三度、演《えん》じてくれるあいだに噺《はなし》をおぼえて、その次には自分で演《えん》じます。そうして「もう人前で演《えん》じてもよい」と許可《きょか》がおりたら（これを「あげ」といいます）、晴れて高座《こうざ》で演《えん》じることができるのです。

1
師匠《ししょう》の家に行き
よろしくおねがいします
うむ。今日は長屋《ながや》の花見《はなみ》だ
2
う〜、さぶ。酒がお茶でかまぼこがだいこん……か
3
移動中《いどうちゅう》も習ったことを復習《ふくしゅう》します
おさらいだ……
……大丈夫《だいじょうぶ》、酒は二升《しょう》、玉子焼《たまごや》きにかまぼこもある……
4
師匠《ししょう》の前で
あー、酒柱《さかばしら》が立ってます
5
茶わんの持ち方はこうだ！
それにもっとうれしそうにのぞきこめ!!
6
何度かけいこをつけてもらい、師匠《ししょう》からOKが出たら、やっと高座《こうざ》で話すことができます
長屋《ながや》のみんな、今年は花見をしようと思う……

落語家《らくごか》……
落語家《らくごか》……

おけいこごと

落語家《らくごか》は、落語《らくご》だけおぼえていればよいというわけにはいきません。日本のほかの伝統芸能《でんとうげいのう》についても、幅広《はばひろ》い素養《そよう》が必要《ひつよう》です。最《もっと》も重要《じゅうよう》なのが太鼓《たいこ》です。出囃子《でばやし》など、寄席《よせ》の音楽を演奏《えんそう》するとき、三味線《しゃみせん》に合わせて太鼓《たいこ》をたたくのは落語家《らくごか》の役目です。これは前座時代《ぜんざじだい》にけいこをしておぼえます。

日本舞踊《にほんぶよう》も、多くの落語家《らくごか》が習っています。落語《らくご》のなかで、いろいろなしぐさをするとき、日本舞踊《にほんぶよう》をおぼえていると形がきれいになるのです。小唄《こうた》・端唄《はうた》・長唄《ながうた》などの邦楽《ほうがく》も、習っておくと落語のなかに生きてきます。また、笛（能管《のうかん》や篠笛《しのぶえ》）を習う人もいます。

わたしは、ピアノとスイミングのおけいこ
なにごとも芸《げい》につながるんだ
ぼくはサッカー！

【基礎知識編《きそちしきへん》】

寄席《よせ》に入ってみよう

末広亭《すえひろてい》

❶ 高座《こうざ》

落語《らくご》を演《えん》じる舞台《ぶたい》のことです。

【高座《こうざ》から客席《きゃくせき》を見ると……】

客席《きゃくせき》からは気づきにくいのですが、高座《こうざ》から見て正面には、かならず時計があります。出演者《しゅつえんしゃ》はそれぞれの持ち時間が決まっているので、時計を見ながら長さを調整しています。

寄席《よせ》の高座《こうざ》はどうなっているのかな？

落語《らくご》を間近で聞くことができる場所を「寄席《よせ》」といい、演《えん》じる場所のことを「高座《こうざ》」とよびます。

高座《こうざ》は、演劇《えんげき》や音楽など、ほかのジャンルの舞台《ぶたい》にくらべて、とても簡単《かんたん》なつくりになっています。なにしろ、まんなかに座布団《ざぶとん》を一枚《まい》置《お》いておけばいいのですから。とはいっても、寄席《よせ》の高座《こうざ》には、いろいろな工夫《くふう》がされています。

❺ 高座《こうざ》の出入り口

障子《しょうじ》の奥《おく》は楽屋《がくや》になっていて、出番を待つ芸人《げいにん》たちが待機《たいき》しています。高座《こうざ》に面した障子《しょうじ》の前は「お囃子《はやし》さん」の定位置《ていいち》で、芸人《げいにん》の登場に合わせて、三味線《しゃみせん》で出囃子《でばやし》を演奏《えんそう》します。

❻ めくり

高座《こうざ》の左右のどちらかに出演者《しゅつえんしゃ》の名前が書かれた札《ふだ》がかかげられています。これを「めくり」といいます。めくりは「寄席文字《よせもじ》」という独特《どくとく》の書体で書かれています。末広亭《すえひろてい》では、「見出《みだ》し」という木札《きふだ》がかけられています。

めくり

見出《みだ》し

末広亭外観《すえひろていがいかん》

寄席《よせ》に行ったら、その外観《がいかん》も楽しみましょう。その日に出演《しゅつえん》する芸人《げいにん》の名前が寄席文字《よせもじ》で書かれた看板《かんばん》がならんでいます。落語家《らくごか》は黒い墨《すみ》で、色物《いろもの》の芸人《げいにん》は赤い墨《すみ》で書かれます。

入場券売《にゅうじょうけんう》り場

ここではらう入場料《にゅうじょうりょう》のことを木戸銭《きどせん》とよびます。

木戸《きど》

寄席《よせ》の入り口のことを木《き》戸《ど》とよびます。ここで入場《にゅうじょう》券《けん》の半券《はんけん》を切る人を「もぎり」とよびます。

❷ 客席《きゃくせき》　いす席《せき》
❸ 客席《きゃくせき》　さじき席《せき》

たたみがしいてある客席《きゃくせき》のことです。末広亭《すえひろてい》は、高《こう》座《ざ》にむかって、左右と２階にたたみの席《せき》があります。

❹ ２階のさじき席《せき》

人気の落語家《らくごか》が出るときや、お正月など、１階の客《きゃく》席《せき》がいっぱいになったときに使われます。

楽屋《がくや》をのぞいてみよう

高座《こうざ》の裏側《うらがわ》には、寄席《よせ》に出演《しゅつえん》する人たちの控《ひか》え室《しつ》、楽屋《がくや》があり、出演《しゅつえん》者《しゃ》のほかに、お囃子《はやし》さん、前座《ぜんざ》さんがいます。出演者《しゅつえんしゃ》やお囃子《はやし》さんの座《すわ》るところは、だいたい決まっていて、前座《ぜんざ》さんがそのあいだをいそがしそうにはたらいています。

ふだん見ることのない末広亭《すえひろてい》の楽《がく》屋《や》のようすをのぞいてみました。

❶ 高座《こうざ》

❷ 高座《こうざ》への出入り口

❸ 出演順《しゅつえんじゅん》に名前の書いてある「見出《みだ》し」をかえます。

❹ 出囃子《でばやし》（落語家《らくごか》が登場するときに鳴らす音楽）の三味線《しゃみせん》をひく、お囃子《はやし》の師匠方《ししょうがた》の座《すわ》るところは決まっていて、高座《こうざ》がのぞけるようになっています。

❺ 太鼓《たいこ》や笛などの鳴物《なりもの》が置《お》かれています。

❻ 出演者《しゅつえんしゃ》が座《すわ》る場所には座布団《ざぶとん》がしいてあります。師匠方《ししょうがた》の座《すわ》る位置《いち》が決まっていることもあります。

楽屋《がくや》はどんなふうになっているのかしら？
ちょっと失礼《しつれい》

❼ 楽屋《がくや》（ネタ）帳《ちょう》をつけるのは立前座《たてぜんざ》です。（→P28）

❽ げた箱の整理や、客の応対《おうたい》は前座《ぜんざ》の役目です。

❾ 台所。すぐにお茶が出せるように、いつでもお湯がわいています。

❿ 伝言板《でんごんばん》。団体《だんたい》のお客様情報《きゃくさまじょうほう》や出演者《しゅつえんしゃ》たちへの連絡事項《れんらくじこう》などが書いてあります。

⓫ 末広亭《すえひろてい》では、二階は色物《いろもの》さんたちの楽屋《がくや》になっています。

⓬ 出番を待つ出演者《しゅつえんしゃ》。

【基礎知識編《きそちしきへん》】

寄《よ》席《せ》の一日の流れ

寄席《よせ》は、基本的《きほんてき》に毎日開いています。気がむいたとき、いつ行っても演芸《えんげい》が楽しめるのが寄席《よせ》のすばらしさです。東京の新宿《しんじゅく》にある末広亭《すえひろてい》の、ある一日を追ってみました。

11時30分　開場《かいじょう》（一番太鼓《いちばんだいこ》）
▶ 開演《かいえん》5分前（二番太鼓《にばんだいこ》）
12時　▶ 開演《かいえん》
▶ 落語《らくご》（前座《ぜんざ》）
▶ 落語《らくご》（二《ふた》ツ目《め》）
▶ 落語《らくご》（二《ふた》ツ目《め》）
▶ 色物《いろもの》
▶ 落語《らくご》（真打《しんうち》）
1時ごろ　▶ 色物《いろもの》
▶ 落語《らくご》（真打《しんうち》）

楽屋《がくや》入《い》り

開場時刻《かいじょうじこく》の一時間ほど前に前座《ぜんざ》が楽屋入《がくやい》りします。その日のめくりをそろえたり、代演《だいえん》（出演《しゅつえん》できなくなった人のかわりに出演《しゅつえん》する人）の確認《かくにん》をしたり、開演《かいえん》にむけてのさまざまな準備《じゅんび》をします。

開場《かいじょう》と一番太鼓《いちばんだいこ》

開演《かいえん》の三十分前に開場《かいじょう》（客を入場させること）します。開場《かいじょう》に前後して楽屋《がくや》では「一番太鼓《いちばんだいこ》」をたたきます。縁起《えんぎ》をかついで「ドンドンドントコイ」とたたきます。

二番太鼓《にばんだいこ》

開演《かいえん》五分前には、これからはじまるという合図に「二《に》番太鼓《ばんだいこ》」をたたきます。「オタフクコイコイ」と聞こえるようにたたきます。

開口一番《かいこういちばん》

いよいよ開演《かいえん》です。最初《さいしょ》に出てくるのが前座《ぜんざ》さん。前座《ぜんざ》の次に登場するのが「二ツ目《ふため》」さんです。番組の二つ目に出てくるから「二《ふた》ツ目《め》」です。

「番組」とは、どのような順序《じゅんじょ》で、だれが出演《しゅつえん》するかを示《しめ》したプログラムのことです。

落語《らくご》と落語《らくご》のあいだ、ところどころに落語以外《らくごいがい》の演芸《えんげい》が組んであります。これを「色物《いろもの》」とよびます。バラエティにとんだ演芸《えんげい》で気分転換《きぶんてんかん》をはかり、お客さんがあきないようになっているのです。

一矢《かずや》（相撲漫談《すもうまんだん》）

神田京子《かんだきょうこ》（講談《こうだん》）

一人あたりの持ち時間は、だいたい十五分くらい。トリの落語家《らくごか》さんは三十分くらいあるので、じっくり聞かせてくれるよ

2時ごろ
落語《らくご》（真打《しんうち》）
色物《いろもの》
落語《らくご》（真打《しんうち》）
落語《らくご》（真打《しんうち》）
色物《いろもの》
落語《らくご》（真打《しんうち》）

2時半ごろ
中入《なかい》り（休憩時間《きゅうけいじかん》）

3時ごろ
落語《らくご》（真打《しんうち》）
落語《らくご》（真打《しんうち》）
色物《いろもの》

4時ごろ
落語《らくご》（トリ・真打《しんうち》）

4時30分
昼の部終演《しゅうえん》
休憩《きゅうけい》

5時
夜の部開場《かいじょう》

新山《にいやま》ひでや　やすこ（漫才《まんざい》）

松旭斎《しょうきょくさい》八重子《やえこ》　プラスワン（奇術《きじゅつ》）

雷門助六《かみなりもんすけろく》（落語《らくご》）

笑福亭鶴光《しょうふくていつるこう》（落語《らくご》）

トリ（主任《しゅにん》）

番組の最後《さいご》に出る人を「トリ」とよびます。トリは番組の総責任者《そうせきにんしゃ》ともいうべき役割《やくわり》で、その日の演芸《えんげい》がうまくいくのもいかないのも、トリにかかっているといっても過言《かごん》ではありません。それだけ高い技量《ぎりょう》がもとめられるのです。

三遊亭遊三《さんゆうていゆうざ》（落語《らくご》）

追《お》い出《だ》し太鼓《たいこ》

すべての演目《えんもく》が終わったあとにたたく太鼓《たいこ》です。「デテケデテケデテケ」と聞こえるようにたたきます。

コラム　十日ごとにかわる「番組」

寄席《よせ》の番組は、十日ごとに出演者《しゅつえんしゃ》が変《か》わります。

毎月一日から十日までを上席《かみせき》、十一日から二十日までを中席《なかせき》、二十一日から三十日までを下席《しもせき》とよびます。三十一日は、「余一会《よいちかい》」とよばれて、特別《とくべつ》な興行《こうぎょう》が行われます。

また、寄席《よせ》は昼の部（十二時ごろから四時半ごろまで）と夜の部（五時ごろから九時ごろまで）の二部《ぶ》構成《こうせい》になっていますが、昼の部と夜の部の入れかえがない寄席《よせ》もありますので、一日中演芸《えんげい》を楽しむこともできます。

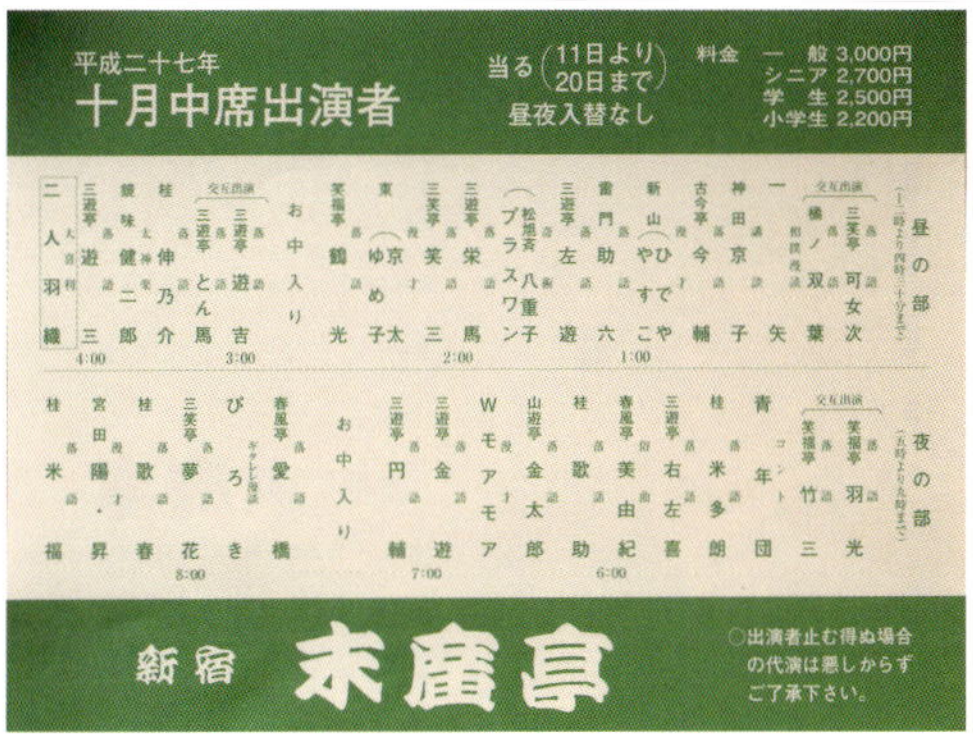

末広亭《すえひろてい》の番組表

【基礎知識編《きそちしきへん》】

前座《ぜんざ》は大いそがし!

だれよりも早くから寄席《よせ》に行き、楽屋《がくや》の準備《じゅんび》、進行、師匠《ししょう》の身のまわりの世話など、休みなくはたらく前座《ぜんざ》の舞台裏《ぶたいうら》を見てみました。

楽屋《がくや》の準備《じゅんび》

寄席《よせ》に一番に到着《とうちゃく》し、楽屋《がくや》に入ります。寄席《よせ》に来る前に師匠《ししょう》の家により、師匠《ししょう》の用事をすませてから来る場合もあります。

さあ、今日もがんばるぞ

楽屋《がくや》のそうじをして、座布団《ざぶとん》をならべます。お囃子《はやし》さんの座《すわ》るいすも、きちんとそろえます。

番組表を見ながら、出演者《しゅつえんしゃ》の名前が書かれた「見出《みだ》し」を選《えら》びだし、出演順《しゅつえんじゅん》にかさねておきます。

あーっ、いそがしい いそがしい

黒板に、団体《だんたい》の予約《よやく》などのお客様情報《きゃくさまじょうほう》を書きいれ、出演者《しゅつえんしゃ》に知らせます。

太鼓《たいこ》をたたく

開演《かいえん》三十分前になると、一番太鼓《いちばんだいこ》をたたきます。このあと開演《かいえん》五分前にたたく二番太鼓《にばんだいこ》、中入《なかい》り（休憩《きゅうけい》）にたたく中入《なかい》り太鼓《だいこ》、終演《しゅうえん》の追《お》い出《だ》し太鼓《だいこ》をたたくのも前座《ぜんざ》の役目です。

出演者《しゅつえんしゃ》の確認《かくにん》をする

当日の出演者《しゅつえんしゃ》や代演《だいえん》（出演《しゅつえん》できなくなった人のかわりに出演《しゅつえん》する人）のチェックをします。

お茶の用意をする

すぐにお茶を入れられるように、お湯をわかしておきます。お茶の好《この》みは、人によって、熱《あつ》いのがすき、ぬるめがいい、濃《こ》いお茶、うすいお茶、水……とさまざま。それぞれの好《この》みをおぼえて、すっと出すのも前座《ぜんざ》の大事なしごとです。

楽屋《がくや》（ネタ）帳《ちょう》をつける

前に出た芸人《げいにん》がどのような演目《えんもく》を披露《ひろう》したかを書いておきます。楽屋帳《がくやちょう》をつけるのは、前座《ぜんざ》のなかでも一番先輩《せんぱい》の「立前座《たてぜんざ》」のしごとです。かならず筆（最近《さいきん》は筆ペン）で書きます。

楽屋《がくや》にはかならず、その日の演者《えんじゃ》と演目《えんもく》をしるした帳面《ちょうめん》があります。これを楽屋《がくや》（ネタ）帳《ちょう》とよびます。

高座返《こうざがえ》し

一席《いっせき》終わるたびに、座布団《ざぶとん》を裏返《うらがえ》して（「高座返《こうざがえ》し」とよびます）、出演者《しゅつえんしゃ》の名前を書いた「めくり」をとりかえます。落語家《らくごか》が続《つづ》くときは座布団《ざぶとん》を裏返《うらがえ》すだけですが、講談《こうだん》の場合は見台《けんだい》を出し入れしますし、漫才《まんざい》やマジック、太神楽《だいかぐら》などの場合は、マイクを高くしたり、道具を出したりして準備《じゅんび》をします。

コラム 座布団《ざぶとん》の秘密《ひみつ》

座布団《ざぶとん》にも前と後ろがあるのを知っていますか？

座布団《ざぶとん》の四辺《へん》のうち三辺《べん》には縫《ぬ》い目《め》がありますが、残《のこ》りの一辺《ぺん》は縫《ぬ》い目がありません。高座返《こうざがえ》しのときは、この縫《ぬ》い目《め》のない一辺《ぺん》が前にくるように返します。高座《こうざ》の芸人《げいにん》と客席《きゃくせき》のお客様との縁《えん》の切れ目がないようにと、縫《ぬ》い目《め》のない一辺《ぺん》をお客様にむける決まりなのです。

座布団《ざぶとん》を裏返《うらがえ》すときも、ほこりが客《きゃく》席側《せきがわ》にとばないように、しずかに、ていねいにするように心がけています。

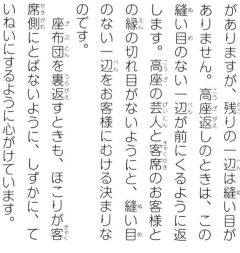

着がえを手伝《てつだ》う

師匠《ししょう》の着がえを手伝《てつだ》うのも前座《ぜんざ》の役目です。帯《おび》をわたす、羽織《はおり》をかけるなど、着やすいように気配りするのも大切です。

着物をたたみ、コンパクトにして、かばんのなかに入るようにまとめます。着物のたたみ方も師匠《ししょう》によってちがうので、それぞれのたたみ方や、しまい方をおぼえなくてはなりません。

あいさつはすべての基本《きほん》！

「はい」「おはようございます」「おつかれさまでした」。芸人《げいにん》の世界でも返事とあいさつは基本中《きほんちゅう》の基本《きほん》です。一日のはじめは元気なあいさつから！

コラム 前座《ぜんざ》にもランクがある？

前座《ぜんざ》は、寄席《よせ》の楽屋《がくや》でのしごとばかりでなく、師匠《ししょう》の身のまわりの世話をしながら落語《らくご》家《か》としての修行《しゅぎょう》をつんでいきますが、ひと口に前座《ぜんざ》といっても、そこにはランクがあります。

・見習《みなら》い前座《ぜんざ》……楽屋《がくや》入りをみとめられてから半年ぐらい。しごとが一番多い期間です。高座返《こうざがえ》しは、見習《みなら》い前座《ぜんざ》の役目です。

・中堅前座《ちゅうけんぜんざ》……半年～二年ぐらい。楽屋《がくや》でのしごとになれてくるころです。太鼓《たいこ》などの鳴《な》り物《もの》を担当《たんとう》します。

・立前座《たてぜんざ》……一番先輩《せんぱい》の前座《ぜんざ》。楽屋《がくや》から舞台《ぶたい》進行《しんこう》などすべてに目を配るなど、後輩前座《こうはいぜんざ》のとりまとめ役。師匠方《ししょうがた》に割《わり》（出演料《しゅつえんりょう》）をわたしたり、ネタ帳《ちょう》を書くのは立前座《たてぜんざ》の役目です。

【基礎知識編《きそちしきへん》】

知っていると落語《らくご》がもっと楽しめる基本《きほん》のしぐさ

たった一人で何人もの人物を演《えん》じたり、ない物をあるように見せたりする「しぐさ」は、落語《らくご》の大事な約束《やくそく》ごとです。

上《かみ》・下《しも》を切る

高座《こうざ》にむかって右側《みぎがわ》が「上手《かみて》」、左側《ひだりがわ》が「下手《しもて》」になります。外から来る人や身分の低《ひく》い人、年下の人は上手《かみて》をむいてしゃべります。

目上の人が話すときは、下手《しもて》をむきます。

手紙を読む

扇子《せんす》を広げて、目で文字を追って読むしぐさをします。扇子《せんす》のかわりに手ぬぐいを使うこともあります。

本を読む

手ぬぐいを広げて、本を読んでいるように目を上下に動かします。指は、手ぬぐいの端《はし》にそえてページをめくるようにします。

書きものをする

左手で紙をおさえるようにして、扇子《せんす》を筆のように動かし、さらさらと文字を書きます。

そばを食べる

扇子《せんす》を割《わ》りばしに見立て、口にくわえてぱちんと割《わ》ります。

左手で、そばちょこを持つような手の形をつくります。扇子《せんす》の要《かなめ》のほうをはし先にして右手で持ち、そばをつゆにつけながら、ズズッと音をたてて食べます。

うどんを食べる

うどんの場合、左手の形はどんぶりを持つくらいの大きさにします。

どんぶりから、すくうようにうどんを食べます。

つゆを飲みほします。

うなぎをつかむ

右手のこぶしを外にむけ、内側《うちがわ》から親指をぬっと出し、出したところに左手をかさね、左手の親指を同じように出します。何回もくりかえしながら、こぶしを上にむけたり、ななめにむけたりすることで、うなぎの動きを想像《そうぞう》させます。

まんじゅうを食べる

くちゃくちゃと音をたてながらおいしそうに食べ、ごくんと飲みこみます。

まんじゅうの形や大きさを想像《そうぞう》して、２つに割《わ》ります。

つりをする

魚がつれるのをじっと待ちます。

さおを大きくふりあげ、投げいれるときに左手の針《はり》をぱっとはなすようにします。

つりざおに巻《ま》きつけた糸を、針《はり》を持つようにしてほどいていきます。目線は、つりざおの先を見るようにします。

犬

軽くにぎったこぶしを胸《むね》の前に持っていき、舌《した》を出します。

戸をたたく

扇子《せんす》の要《かなめ》を下にして右手で持ち、床《ゆか》をたたきます。左手はにぎりこぶしをつくり、扇子《せんす》の音に合わせて戸をたたくようなしぐさをします。

幽霊《ゆうれい》

手《て》の甲《こう》を外側《そとがわ》にむけ、右手と左手を上下にかまえます。下になる手のほうの肩《かた》をさげ、体をななめにしてふし目がちにします。

【基礎知識編《きそちしきへん》】

寄《よ》席《せ》で出会えるさまざまな芸人《げいにん》たち

寄《よ》席《せ》では、落語《らくご》と落語《らくご》のあいだに「漫才《まんざい》」「マジック」「太神楽《だいかぐら》」など、いろいろな芸人《げいにん》たちが登場します。次々《つぎつぎ》に出てくる落語《らくご》と色物《いろもの》の組みあわせが寄《よ》席《せ》の楽しさです。

【漫才《まんざい》】

二人が立って行うお笑《わら》い芸《げい》。テレビなどでおなじみの芸《げい》ですが、寄《よ》席《せ》の漫《まん》才《ざい》にはテレビの漫才《まんざい》とはまたちがったおもしろさがあります。東京の演芸《えんげい》は落語《らくご》中心ですが、関西《かんさい》では漫才《まんざい》が中心ともいわれます。コンビは男性同士《だんせいどうし》、女性同士《じょせいどうし》、夫婦《ふうふ》、夫婦《ふうふ》でない男女など、いろいろな組みあわせがあります。

宮田陽《みやたよう》・昇《しょう》

すず風《かぜ》にゃん子《こ》・金魚《きんぎょ》

コラム どうして「色物《いろもの》」っていうのかな?

寄《よ》席《せ》では落語《らくご》以外《いがい》の芸《げい》を「色物《いろもの》」とよびます。「色物《いろもの》」という言葉の由来《ゆらい》には二つの説《せつ》があります。一つは、彩《いろど》りをそえるという意味からきているという説《せつ》。もう一つは、寄《よ》席《せ》の看板《かんばん》では落語家《らくごか》は黒い文字で書きますが、それ以外《いがい》の出演者《しゅつえんしゃ》は赤い文字で書くところからきているという説《せつ》です。

いずれにしても色物《いろもの》には、落《らく》語《ご》と落語《らくご》のあいだに入って、見る人たちの気分を変《か》え、つかれをやわらげる効《こう》果《か》があります。

紙切り

即興《そっきょう》で紙を切り、みごとな形をつくりあげる芸《げい》です。はじめは自分のテーマで切りますが、そのあと、その日の観客《かんきゃく》からお題をもらって切ります。もらったお題を、短い時間で、みごとに切ることができるかが醍醐味《だいごみ》です。

林家正楽《はやしやしょうらく》

三遊亭絵馬《さんゆうていえま》

太神楽《だいかぐら》

歴史《れきし》は古く、もともと伊勢神宮《いせじんぐう》や熱田神《あつたじん》宮《ぐう》から派遣《はけん》されて家々《いえいえ》をまわり、人々《ひとびと》の幸福をねがう祝福芸《しゅくふくげい》でした。太神楽《だいかぐら》、大神楽《だいかぐら》、代神楽《だいかぐら》、大々神楽《だいだいかぐら》とも書きます。

寄席《よせ》の太神楽《だいかぐら》は、それがのちに寄席芸《よせげい》としてとりいれられたものです。傘《かさ》の上でいろいろな物をまわす傘《かさ》の曲、特殊《とくしゅ》な形の籠《かご》のなかに鞠《まり》を通す籠鞠《かごまり》の曲《きょく》、あごに乗せた棒《ぼう》の上に茶碗《ちゃわん》などをつみあげてバランスをとる五階茶碗《ごかいぢゃわん》の曲《きょく》などがあります。曲独楽《きょくごま》も太神楽《だいかぐら》の一つです。なお伊勢神宮《いせじんぐう》の太《だい》神楽《かぐら》も現存《げんそん》しています。

左上「土瓶《どびん》の曲《きょく》」
左下「末広《すえひろ》がり傘《かさ》の曲《きょく》」
右下「花笠《はながさ》の組取《くみど》り」

鏡味仙三郎社中《かがみせんざぶろうしゃちゅう》

俗曲《ぞっきょく》

三味線《しゃみせん》に合わせて、都々逸《どどいつ》や端唄《はうた》などの日本の唄《うた》をうたって、なんともいえない寄席情緒《よせじょうちょ》をかもしだす芸《げい》です。なかには三味線《しゃみせん》のみごとな腕前《うでまえ》を聞かせる人もいます。

柳家小菊《やなぎやこぎく》

桧山《ひやま》うめ吉《きち》

奇術《きじゅつ》（マジック・手品）

西洋風のマジックや和風の手品も、寄席《よせ》にとりいれられて重要《じゅうよう》な色物《いろもの》の一つになっています。

和風の手品のことを、とくに「手妻《てづま》」とよびます。女性《じょせい》のマジシャンが登場すると寄席《よせ》が華《はな》やかな雰囲気《ふんいき》になります。

漫談《まんだん》

一人で立って演《えん》ずるお笑《わら》い芸《げい》。ギターを持ったりウクレレを持ったりすることもあります。落語《らくご》とちがって長い一つの物語を演《えん》ずるのではなく、日常的《にちじょうてき》な話題をつなげていくことが多いので、親しみやすく気軽に笑《わら》えます。

ぴろき

瞳《ひとみ》ナナ

声帯模写《せいたいもしゃ》

ものまね。動物や鳥のまねをする人と、歌手や俳優《はいゆう》のまねをする人とがいますが、どちらも声帯模写《せいたいもしゃ》です。

江戸家《えどや》まねき猫《ねこ》

ボーイズ

複数《ふくすう》の人が楽器《がっき》を演奏《えんそう》しながら演《えん》ずるお笑《わら》い芸《げい》。音楽と漫談《まんだん》とが合体したような芸《げい》です。最近《さいきん》は、だんだん数が少なくなってきています。

東京《とうきょう》ボーイズ

講談《こうだん》

前に釈台《しゃくだい》とよばれる小さな机《つくえ》を置《お》き、張扇《はりおうぎ》を使って調子をとりながら歴史物語《れきしものがたり》などを語る芸《げい》。「修羅場《しゅらば》」という緊張感《きんちょうかん》のある独特《どくとく》の口調が特徴《とくちょう》です。

講談《こうだん》の歴史《れきし》は落語《らくご》より古く、もともと日本の歴史《れきし》を人々《ひとびと》にわかりやすく説《と》いて聞かせるところからはじまりました。そのため講談師《こうだんし》の真打《しんうち》は師匠《ししょう》ではなく「先生」とよびます。なお、講談《こうだん》を語ることを「読む」といいます。

宝井琴調《たからいきんちょう》

浪曲《ろうきょく》

三味線《しゃみせん》の伴奏《ばんそう》つきで物語をつむいでいく芸《げい》で、「なにわぶし」ともよばれます。一時期は一世《いっせい》を風靡《ふうび》し、落語《らくご》や漫才《まんざい》よりも人気がありました。浪曲《ろうきょく》では、うたう部分を「節《ふし》」、台詞《せりふ》の部分を「啖呵《たんか》」とよびます。

東家一太郎《あずまやいちたろう》・曲師《きょくし》　東家美《あずまやみつ》・三味線《しゃみせん》（撮影《さつえい》　関戸勇《せきどいさむ》）

【基礎知識編《きそちしきへん》】

一度は聞きたい人気の演目《えんもく》

「落語《らくご》」というと、大笑《おおわら》いしてしまう噺《はなし》が多いと思われがちですが、幽霊《ゆうれい》が出てくるこわい噺《はなし》や、動物が登場するかわいい噺《はなし》など、数多くあります。ここでは、はじめての人でも楽しめる噺《はなし》を紹介《しょうかい》します。

こっけい噺《ばなし》

思わず笑《わら》ってしまう噺《はなし》

子《こ》ほめ

熊公《くまこう》がご隠居《いんきょ》から、お世辞《せじ》をいって人をいい気持ちにさせると、ごちそうしてもらえると教わる。仮《かり》に四十五歳《さい》の人なら「四十五にしてはお若《わか》い」といえばよい。

さっそく、道で出くわした番頭《ばんとう》に「四十五にしてはお若《わか》い」というが、番頭は四十だったので怒《おこ》って行ってしまう。

次に、友人の竹《たけ》のところで生まれたばかりの赤《あか》ん坊《ぼう》(数え年で一つ)をほめようとする。いろいろいってみるがうまくいかず、最後《さいご》には「一つにしてはお若《わか》い」。

この噺《はなし》には、お世辞《せじ》が人間関係《にんげんかんけい》をなめらかにすることや、子どもが生まれた親のうれしさなどがこめられています。

寿限無《じゅげむ》

夫婦《ふうふ》に子どもが生まれて、名前をつけようということになった。長生きするよう縁起《えんぎ》のいい名前をつけたいと思い、お寺の和尚《おしょう》さんに相談に行く。

ところが、教わった縁起《えんぎ》のいい言葉を全部名前につけてしまったので、「寿限無寿限無五劫《じゅげむじゅげむごこう》のすりきれ、海砂利水魚《かいじゃりすいぎょ》の水行末雲来末風来末《すいぎょうまつうんらいまつふうらいまつ》、食う寝《ね》る所に住む所、やぶらこうじのぶらこうじ、パイポパイポパイポのシューリンガン、シューリンガンのグーリンダイ、グーリンダイのポンポコピーのポンポコナーの長久命《ちょうきゅうめい》の長助《ちょうすけ》」という、とても長い名前になってしまった。

子どもの幸せをねがう親の思いがこめられた噺《はなし》です。

人情噺《にんじょうばなし》

感動して、ほろりとしてしまう噺《はなし》

芝浜《しばはま》

酒におぼれて商売に行かなくなった魚屋。ある朝、女房《にょうぼう》は無理《むり》に亭主《ていしゅ》を起こしてしごとに行かせた。しばらくして亭主《ていしゅ》は芝《しば》の浜《はま》で大金の入った財布《さいふ》をひろってもどってくる。これではたらかなくてすむと、また大酒を飲んで寝《ね》てしまう。

ところが亭主《ていしゅ》はまた女房《にょうぼう》に起こされて「しごとに行け」といわれる。財布《さいふ》をひろったのは夢《ゆめ》だという。改心《かいしん》した亭主《ていしゅ》はそれから一《いっ》生懸命《しょうけんめい》はたらくようになった。三年後の大《おお》晦日《みそか》に女房《にょうぼう》からさしだされたものがあった。それは芝《しば》の浜《はま》でひろってきた財布《さいふ》だった。

人情噺《にんじょうばなし》の名作。三遊亭圓朝《さんゆうていえんちょう》作で、もともとは三題噺《さんだいばなし》（客席《きゃくせき》から三つの題をもらって、その場で噺《はなし》にまとめるもの）でした。オチがあるので落《お》とし噺《ばなし》でもあります。

長屋噺《ながやばなし》

町人を代表する人々《ひとびと》が登場する噺《はなし》

道具屋《どうぐや》

与太郎《よたろう》が古道具屋《ふるどうぐや》をやることになった。お客と与太郎《よたろう》との珍妙《ちんみょう》なやりとりがおかしい。

「そこにあるノコ（のこぎり）を見せい」「カズノコですか？」「ノコだ」「のこ（どこ）にある？」「そこにあるノコだよ」「これはノコギリですよ。あなたギリ（義理《ぎり》）を欠《か》いちゃいけない」。

見るだけ見て買わずに帰る客を符丁《ふちょう》（合い言葉）で「小便《しょうべん》」というと教わった与太《よた》郎《ろう》、ももひきを買いにきた客に「あなた、これ小便《しょうべん》できませんよ」。

全編《ぜんぺん》くすぐり（ギャグ）のこっけい噺《ばなし》。

だくだく

家財道具《かざいどうぐ》を一つも持っていない八五郎《はちごろう》。それではあまりにもさびしいからと、絵の先生に、たんすや長火鉢《ながひばち》、金庫などを壁《かべ》にかいてもらい、持っている「つもり」になる。

その晩《ばん》、まぬけな泥棒《どろぼう》が入り、道具をぬすもうとするが、絵をぬすむことはできない。それが絵だと気づいた泥棒《どろぼう》は、家財道《かざいどう》具《ぐ》をぬすんだ「つもり」になる。

目をさました八五郎《はちごろう》、やりで泥棒《どろぼう》の脇腹《わきばら》をついた「つもり」になると、泥棒《どろぼう》は「だくだくっと血が出たつもり」。

季《き》節《せつ》の噺《はなし》

春 ―長屋《ながや》の花見《はなみ》―

長屋《ながや》の大家《おおや》が、店子《たなこ》（家を借《か》りている人）たちを楽しませようと花見へつれていく。とはいえ、金がないのでごちそうを用意できない。そこで、酒のかわりに番茶を煮出《にだ》してうすめたもの、玉子焼《たまごや》きのかわりにたくあん、かまぼこのかわりにだいこんのつけものを持参《じさん》した。

大家《おおや》はその場を盛《も》りあげようとするが、みんなはぜんぜん乗らない。酒（のつもりのうすいお茶）を飲んだ店子《たなこ》の一人が、「大家《おおや》さん、近々《ちかぢか》長屋《ながや》にいいことがありますよ」「そうかい？」「ごらんなさい、酒柱《さかばしら》が立ってる」。

花見の季節感《きせつかん》と貧乏《びんぼう》を楽しむ庶民《しょみん》の生活感が楽しい一席《いっせき》。

夏 ―青菜《あおな》―

夏のある日。植木屋《うえきや》がある屋敷《やしき》でしごとをしていると、主人から声をかけられて酒や鯉《こい》の洗《あら》いをごちそうになる。さらに菜《な》を出そうと奥《おく》さんにいうと、妻《つま》は「鞍馬《くらま》から牛若丸《うしわかまる》が出《いで》ましてその名を九郎判官《くろうほうがん》」、それに答えて主人は「義経《よしつね》にしておけ」。

これは九郎判官《くろうほうがん》源《みなもとの》義経《よしつね》を引き合いに出した〝かくし言葉〟だった。菜《な》を食《く》らってもうないから「その名を九郎《くろう》」といい、主人はよしておけという意味で「義経《よしつね》」といったのだ。すっかり感心した植木屋《うえきや》は、自分の長屋《ながや》で同じことをしようとして失敗《しっぱい》する。

動物の出てくる噺《はなし》

動物が主人公の噺《はなし》

―たぬき―

落語《らくご》には狸《たぬき》・狐《きつね》・犬・猫《ねこ》・鼠《ねずみ》・蛇《へび》・雀《すずめ》などの動物が登場します。この「たぬき」は、人間に恩《おん》を受けた子狸《こだぬき》が、なにかに化《ば》けて恩返《おんがえ》しをするという一連《いちれん》の噺《はなし》で、サイコロに化《ば》ける「狸賽《たぬさい》」、お札《さつ》に化《ば》ける「狸《たぬき》の札《さつ》」、鯉《こい》に化《ば》ける「狸《たぬき》の鯉《こい》」などがあります。

狸《たぬき》のまなざしを通して人間社会のこっけいさがあぶりだされるという側面《そくめん》もありますが、まずは子狸《こだぬき》のかわいらしさを楽しんでください。

秋 ━目黒《めぐろ》のさんま━

さわやかな秋の日。殿様《とのさま》が家来《けらい》をつれて目黒《めぐろ》に野遊びに出た。すっかり腹《はら》がへったが、家来《けらい》は弁当《べんとう》を持参《じさん》していなかった。

そこで近くの農家で焼《や》いていたさんまを分けてもらい殿様《とのさま》にさしだした。殿様《とのさま》は、生まれてはじめて食べたさんまのおいしさに、恋《こい》をしたようにさんまがわすれられなくなってしまう。

別《べつ》の日、さんまを所望《しょもう》した殿様《とのさま》に、家来《けらい》は油ぬきをして吸《す》い物《もの》にして出した。日本《にほん》橋魚河岸《ばしうおがし》で仕入《しい》れた、そのさんまのまずさに殿様《とのさま》、「さんまは目黒《めぐろ》にかぎる」。

冬 ━時《とき》そば━

そば屋でそばを食べた男、十六文《もん》の代金をはらうのに一文《もん》ずつ数えて、「ひい、ふう、みい、よう、いつ、む、なな、やあ、そば屋さん、いま何時《なんどき》だい？」「九つで」「十、十一……十六」と一文《もん》ごまかした。

それを見ていた別《べつ》の男、自分も同じことをしようと翌日《よくじつ》少し早めに家を出た。「……いつ、む、なな、やあ、いま何時《なんどき》だい？」「四つで」「いつ、む、なな……」と逆《ぎゃく》に損《そん》をした。

二人目の男のまぬけぶりに爆笑《ばくしょう》をさそわれます。また、そばを食べるしぐさのみごとさは落語《らくご》ならではの楽しさです。

音曲噺《おんぎょくばなし》

三味線《しゃみせん》や太鼓《たいこ》などが入る、にぎやかで楽しい噺《はなし》

━浮《う》かれの屑《くず》より━

道楽《どうらく》がすぎて親元《おやもと》を勘当《かんどう》になった若旦那《わかだんな》。知人《ちじん》のところで紙くずを選《よ》りわけるしごとをすることになったが、くずのなかから古本が出てくるとつい読みふけり、芝居《しばい》の本が出てくると芝居《しばい》のまねごとをやりはじめる。

そのたびにしかられるが、近所から三味線《しゃみせん》の音が聞こえだすと、じっとしてはいられず踊《おど》りだしてしまう。

上方落語《かみがたらくご》では、歌舞伎芝居《かぶきしばい》や邦楽《ほうがく》の場面で、高座《こうざ》そでから音曲《おんぎょく》や効果音《こうかおん》のツケ打ちが入れられます。江戸落語《えどらくご》では「紙屑屋《かみくずや》」という演題《えんだい》になり、音曲《おんぎょく》は入りません。

【支《ささ》える人たち編《へん》】

寄席《よせ》

日常《にちじょう》をわすれて楽しむ笑《わら》いの場

末広亭会長《すえひろていかいちょう》、北村幾夫《きたむらいくお》さん。

戦後《せんご》まもなく建《た》てられた建物《たてもの》で、江戸以来《えどいらい》の寄席《よせ》の雰囲気《ふんいき》を残《のこ》している末広亭《すえひろてい》の外観《がいかん》。

落語《らくご》が毎日楽しめる「寄席《よせ》」

「寄席《よせ》」とは、演芸《えんげい》を上演《じょうえん》する場所のことをいいます。明治時代《めいじじだい》の最盛期《さいせいき》には、一つの町内に数軒《すうけん》もの寄席《よせ》があったといわれていますが、現在《げんざい》、都内で、毎日興行《こうぎょう》している寄《よ》席《せ》は上野《うえの》の鈴本演芸場《すずもとえんげいじょう》、新宿《しんじゅく》の末広亭《すえひろてい》、浅草《あさくさ》演芸《えんげい》ホール、池袋演芸場《いけぶくろえんげいじょう》の四軒《けん》です。大阪《おおさか》には、「天満天神繁昌亭《てんまてんじんはんじょうてい》」があり、落語《らくご》や漫才《まんざい》、漫談《まんだん》などの出し物を楽しむことができます。

寄席《よせ》は、「昼席《ひるせき》」「夜席《よるせき》」の二公演《こうえん》で、昼夜入《い》れかえ制《せい》になっていますが、末広亭《すえひろてい》と浅草《あさくさ》演芸《えんげい》ホールでは、昼夜通しで楽しむことができます。基本的《きほんてき》に当日券《とうじつけん》のみで自由席《じゆうせき》ですから、行きたいと思ったときに、ふらりと入ることができるのが寄席《よせ》のよいところです。

寄席《よせ》では、テレビでよく見かける落語家《らくごか》さんも登場しますが、入門したての落語家《らくごか》さんや漫才師《まんざいし》さんなど、十数組出演《しゅつえん》しますので、何度も通って、自分のすきな芸人《げいにん》を見つけて応援《おうえん》するのも寄席《よせ》の楽しみの一つです。

席亭《せきてい》のしごと

寄席《よせ》を経営《けいえい》している人を「席亭《せきてい》」とよびます。落語家《らくごか》が寄席《よせ》に出演《しゅつえん》するためには、落語協会《らくごきょうかい》か落《らく》語芸術協会《ごげいじゅつきょうかい》に所属《しょぞく》していなければなりません。

番組を組むにあたって、席亭《せきてい》は二つの協会《きょうかい》と打ちあわせしながら、出演者《しゅつえんしゃ》を決めます。

席亭《せきてい》は、お客さんに楽しんでもらえるような出演者《しゅつえんしゃ》（演目《えんもく》）を選《えら》んだり、独自《どくじ》の興行《こうぎょう》を企画《きかく》したりして、寄席《よせ》を盛《も》りあげるためにさまざまなことをこなすプロデューサー的《てき》な役割《やくわり》をします。

ミニ知識《ちしき》 寄席《よせ》の符丁《ふちょう》

「符丁《ふちょう》」とは、仲間《なかま》うちだけに通用する言葉で、合い言葉のようなものです。ここでは、落語家《らくごか》さんがよく使う代表的《だいひょうてき》な「符丁《ふちょう》」を紹介《しょうかい》します。

・まんだら→手ぬぐい　・かぜ→扇子《せんす》　・だるま→羽織《はおり》
・とば→着物（衣装《いしょう》）・たろ→お金　・数字→一（ヘイ）、二（ビキ）、三（ヤマ）、四（ササキ）、五（カタコ）、六（サナダ）、七（タヌマ）、八（ヤワタ）、九（キワ）

ちなみに、「一つ、二つ……」と、一から九までは「ツ」がつくので、「ツノコエ」。十から上は「ツ」がつかないので、「ツバナレ」といいます。

寄席《よせ》ではたらく人々《ひとびと》

寄席《よせ》ではたらいているのは、高座《こうざ》にあがる芸人《げいにん》さんだけではありません。寄席《よせ》がはじまる前から客席《きゃくせき》のそうじをしたり、お客さんを案内《あんない》したりと、観客《かんきゃく》が気持ちよく楽しめるように、裏《うら》で支《ささ》える人たちがいます。

入場券《にゅうじょうけん》売り場では

入場券《にゅうじょうけん》売り場は、寄席《よせ》に入るための第一歩。ここで代金をはらって入場券《にゅうじょうけん》を買います。入《にゅう》場料《じょうりょう》のことを木戸銭《きどせん》といいます。子ども料金《りょうきん》もあります。

客席《きゃくせき》のそうじ

寄席《よせ》のはじまる前には、客席《きゃくせき》のいすのほこりをはらう、手すりをふく、床《ゆか》にモップをかけて、ぴかぴかにするなど、お客さんが気持ちよく落語《らくご》を聞けるように、ていねいに館内をそうじします。

入り口では

入り口を木戸《きど》とよびます。木戸《きど》には、案内《あんない》の人が立っているので、こみ具合や、今は、だれが出ているのかなどを聞いてみましょう。ここで入場券《にゅうじょうけん》の半券《はんけん》とプログラムをもらいます。入場券《にゅうじょうけん》の半券《はんけん》を切る人を「もぎり」とよびます。

売店では

売店では、お弁当《べんとう》や飲み物、落語家《らくごか》さんの手ぬぐいや本などのグッズも売っています。中入《なかい》りのときに、のぞいてみても楽しいですよ。

ミニインタビュー

「まずは寄席《よせ》に来て、自分なりの楽しさを見つけてほしい」

末広亭会長《すえひろていかいちょう》
北村幾夫《きたむらいくお》 さん

北村幾夫《きたむらいくお》さんの祖父《そふ》は、末広亭初代席亭《すえひろていしょだいせきてい》で「大旦那《おおだんな》」とよばれた北村銀太郎《きたむらぎんたろう》さん。ご両親も末広亭《すえひろてい》ではたらいていたため、子どものころは学校から直接《ちょくせつ》寄席《よせ》により、楽屋《がくや》や二階が遊び場だったそうです。

子どものころから、名人とよばれている人たちの噺《はなし》をたくさん聞いてきた北村《きたむら》さんですが、「おもしろさの感じ方は人それぞれ。寄席《よせ》で大笑《おおわら》いをして、外に出たとたん、『おもしろかったけれど、だれだったかな?　なんという演目《えんもく》だったかな?』ということもあると思いますが、それはそれでいい」といいます。

「古典落語《こてんらくご》はむずかしそう……といっても、日本語で話すんだから、わからないことはない。寄席《よせ》という空間で、おもしろければ笑《わら》う。いいなと思った芸人《げいにん》がいたら、また聞きにくる。そんな気楽な気持ちで、寄席《よせ》を楽しんでほしいと思いますね。とにかく一度寄席《よせ》に来て、おもしろさを体感してみてください」

寄席囃子《よせばやし》

三味線《しゃみせん》と唄《うた》で高座《こうざ》を盛《も》りあげる

寄席囃子《よせばやし》のいろいろ

お囃子《はやし》さんは、高座《こうざ》の進行に合わせて舞台《ぶたい》そでで三味線《しゃみせん》をひきます。寄席《よせ》の三味線《しゃみせん》、唄《うた》はすべてお囃子《はやし》さんが担当《たんとう》しています。

出囃子《でばやし》

芸人《げいにん》さんが高座《こうざ》にあがるとき、背景《はいけい》に流れる音楽として三味線《しゃみせん》で演奏《えんそう》します。

地囃子《じばやし》

曲芸《きょくげい》や奇術《きじゅつ》、紙切りのときなどに、それぞれの芸《げい》に合わせて、三味線《しゃみせん》で演奏《えんそう》します。

はめもの

芝居噺《しばいばなし》や怪談噺《かいだんばなし》など、落語《らくご》のなかの情景《じょうけい》や人物の心理をあらわす音楽や効果音《こうかおん》として演奏《えんそう》します。

踊《おど》り

落語《らくご》のあとに軽く踊《おど》ることがあります。「かっぽれ」「奴《やっこ》さん」「深川《ふかがわ》」などに合わせて、うたいながら三味《しゃみ》線《せん》をひきます。

お囃子《はやし》さんのしごと

出演者《しゅつえんしゃ》が高座《こうざ》にあがるときに流れる三味線音楽《しゃみせんおんがく》が出囃子《でばやし》です。寄席《よせ》では、お囃子《はやし》さんが舞台《ぶたい》そでで生《なま》で演奏《えんそう》しています。寄席《よせ》の芸人《げいにん》さんたちは、一人ひとり登場するときの曲が決まっているので、出囃子《でばやし》も、数百種類《すうひゃくしゅるい》あります。

出囃子《でばやし》以外《いがい》にも、落語《らくご》のなかで使われる音楽や、曲芸《きょくげい》や奇術《きじゅつ》、紙切りのときの背景《はいけい》に流れる音楽なども、お囃子《はやし》さんが三味線《しゃみせん》で演奏《えんそう》しています。

芸人《げいにん》さんの人数だけ「出囃子《でばやし》」がある

寄席《よせ》に行ったことがある人は、芸人《げいにん》さんたちが高座《こうざ》に出てくるときに流れてくる音楽を聞いたことがあると思います。芸人《げいにん》さんたちには、一人ひとりにテーマソングともいうべき曲があります。お囃子《はやし》さんは、数百人の芸《げい》人《にん》さんの出囃子《でばやし》を、すべておぼえて演奏《えんそう》します。ですから、落語家《らくごか》さんの名前と出囃子《でばやし》を

コラム 寄席《よせ》のほかでも大いそがし

お囃子《はやし》さんは、基本的《きほんてき》に月の一日から三十日まで毎日寄席《よせ》に通っていますが、いそがしい寄席《よせ》の合間をぬって、国内外での三味線《しゃみせん》の紹介《しょうかい》など、文化交流にも一役《ひとやく》かっています。

三味線《しゃみせん》の説明《せつめい》をする優子《ゆうこ》さん。（市川市《いちかわし》市川駅南口《いちかわえきみなみぐち》図書館《としょかん》にて）

三味線《しゃみせん》を太鼓《たいこ》にかえて寄席囃子《よせばやし》の実演《じつえん》。左から、鏡味初音《かがみはつね》さん、松本優子《まつもとゆうこ》さん、桂《かつら》たか治《じ》さん。

アースキャラバン中東のイベントでパレスチナを訪問《ほうもん》し、ベツレヘムフェスティバルに出演《しゅつえん》。
（撮影《さつえい》　鈴木《すずき》 聡《さとし》）

おぼえることが必要《ひつよう》になります。

出囃子《でばやし》は、長唄《ながうた》、清元《きよもと》、常磐津《ときわず》、小唄《こうた》などの邦楽《ほうがく》のほか、民謡《みんよう》、童謡《どうよう》、流行歌や映画音楽《えいがおんがく》などの洋楽からも選《えら》ばれていますが、長い原曲《げんきょく》をそのまま演奏《えんそう》するわけではありません。芸人《げいにん》さんが高座《こうざ》の中央に行くまでの時間に合わせて、名曲の一番知られているサビの部分が、寄席《よせ》ふうに一分程度《ていど》の長さにアレンジされています。

しかし、芸人《げいにん》さんのその日の気分や体調で歩く速度がちがったり、ホールなどでは中央までの距離《きょり》が長かったりするので、芸人《げいにん》さんのようすをよく見ながら、早さを変《か》えたり、明るくひいたりと、芸人《げいにん》さんが気持ちよく高座《こうざ》をつとめられるように気を配りながら演奏《えんそう》をしています。

ミニ知識《ちしき》 お囃子《はやし》さんになるには、どうしたらいいの？

国立劇場《こくりつげきじょう》の養成事業《ようせいじぎょう》としてつくられた「伝統芸能伝承者育成機関《でんとうげいのうでんしょうしゃいくせいきかん》」で、二年間、寄席囃子演奏者《よせばやしえんそうしゃ》になるための基礎教育《きそきょういく》を受けなければなりません。

応募資格《おうぼしかく》は、中学校卒業以上《そつぎょういじょう》で、長唄《ながうた》・三味線《しゃみせん》の素養《そよう》がある女性《じょせい》が対象《たいしょう》です。必要《ひつよう》におうじて一般公募《いっぱんこうぼ》があり、筆記《ひっき》・実技試験《じつぎしけん》と面接《めんせつ》の入試《にゅうし》のあと、合格《ごうかく》して半年後に再度《さいど》、適正審査《てきせいしんさ》があります。授業《じゅぎょう》は、寄席囃子《よせばやし》のほか、長唄《ながうた》、端唄《はうた》、鳴物《なりもの》、音楽史《おんがくし》、茶道《さどう》、日舞《にちぶ》など、さまざまな教養《きょうよう》を身につけます。

修了後《しゅうりょうご》は、落語協会《らくごきょうかい》、落語芸術協会《らくごげいじゅつきょうかい》に所属《しょぞく》し、寄席《よせ》や演芸場《えんげいじょう》に出演《しゅつえん》することができます。

ミニインタビュー 芸人《げいにん》さんに最高《さいこう》の芸《げい》をしてもらうのがお囃子《はやし》の心意気

寄席囃子《よせばやし》
落語芸術協会所属《らくごげいじゅつきょうかいしょぞく》
松本優子《まつもとゆうこ》 さん

大学までは洋楽を専攻《せんこう》し、音楽と踊《おど》りとお芝居《しばい》の勉強のためにウィーンに国費《こくひ》で留学《りゅうがく》したこともあるという異色《いしょく》の経歴《けいれき》をもつ松本優子《まつもとゆうこ》さん。2年間の国立劇場《こくりつげきじょう》寄席囃子《よせばやし》研修《けんしゅう》をへて、2003年から落語芸術協会所属《らくごげいじゅつきょうかいしょぞく》のお囃子《はやし》になりました。「よく、正反対の世界にどうして!?　といわれますが、自分のなかでは新しい音楽の追求《ついきゅう》という気持ちで、ブレることなく前にむかっています」とのこと。

お囃子《はやし》のしごとのむずかしさとやりがいは、「出囃子《でばやし》」にあるそうです。出囃子《でばやし》は、落語家《らくごか》さんが高座《こうざ》にあがり、座布団《ざぶとん》に座《すわ》るまでのつなぎの演奏《えんそう》ではなく、座布団《ざぶとん》に正座《せいざ》して、頭を下げたところで、ちょうどよく曲を終わらせなければなりません。そのタイミングがぴたっと合うと「やった！」という気持ちになるといいます。落語家《らくごか》さんのその日の体調やテンポを見きわめながら、美しい形でひきおさめる。そして気持ちよく、最高《さいこう》の芸《げい》をしてもらう。お囃子《はやし》さんの真剣勝負《しんけんしょうぶ》です。

寄席文字《よせもじ》

「大入り満員《まんいん》」をねがう縁起文字《えんぎもじ》

「大看板《おおかんばん》」を制作中《せいさくちゅう》の橘《たちばな》 右樂《うらく》さん。集中して、一気に仕上げます。

一文字一文字、集中して書きすすめていきます。

寄席文字《よせもじ》は、師匠《ししょう》の橘《たちばな》 右近《うこん》さんが考案《こうあん》した寄席文字専用《よせもじせんよう》の「右近筆《うこんふで》」を使いますが、右樂《うらく》さんは、そのほかに自分用に工夫《くふう》した「右樂筆《うらくふで》」も使っています。

寄席文字書家《よせもじしょか》のしごと

【橘流寄席文字《たちばなりゅうよせもじ》】

寄席文字《よせもじ》は、江戸時代《えどじだい》よりつづく歌舞伎《かぶき》の勘亭流《かんていりゅう》、大相撲《おおずもう》の番付《ばんづけ》文字《もじ》とともに、寄席《よせ》の世界ではなくてはならない興行文字《こうぎょうもじ》です。寄席文字《よせもじ》の起源《きげん》は、ビラ字といわれるものです。寛政《かんせい》三年（一七九一年）、岡本萬作《おかもとまんさく》が臨時《りんじ》の寄席《よせ》を開き、風呂屋《ふろや》や髪結床《かみゆいどこ》など人の集まるところにビラ（ポスター）をはって宣伝《せんでん》しました。これが寄席《よせ》ビラのはじまりといわれます。

昭和四十年（一九六五年）に、橘《たちばな》 右近《うこん》（一九〇三〜一九九五）が「橘流《たちばなりゅう》」を立ちあげ、現在《げんざい》の「寄席文字《よせもじ》」を確立《かくりつ》しました。都内にある五軒《けん》の寄席《よせ》の看板《かんばん》、めくりなどは、すべて橘流寄席《たちばなりゅうよせ》文字《もじ》書家《しょか》の人たちによって書かれているほか、寄席文字《よせもじ》教室が各地《かくち》で開かれています。

ミニ知識《ちしき》 書道とはどこがちがうの？

寄席文字《よせもじ》は、デザイン化された文字なので、字を書くというよりも絵をかく感覚《かんかく》で書きます。

書き《か》順《じゅん》や筆の持ち方なども、書道とはまったくちがいます。書道のときは筆を立てて使いますが、寄席文字《よせもじ》は、鉛筆《えんぴつ》を持つように筆を持ち、たっぷりと墨《すみ》をふくませて、寝《ね》かせるようにして書きます。画数の多い文字は、穂先《ほさき》（筆の先端《せんたん》）を使います。

しごと場拝見《はいけん》

寄席《よせ》の定席《じょうせき》は十日ごとに出演者《しゅつえんしゃ》が変《か》わるので、入り口にかかげられる大看板《おおかんばん》も、そのつど書きかえます。大看板《おおかんばん》はどのように書かれているのでしょうか？　右樂《うらく》さんのしごと場におじゃましました。

❶ 縦《たて》210cm、横48cmの大きな用紙に、出演者《しゅつえんしゃ》の名前を書きこんでいきます。

❷ 出演者《しゅつえんしゃ》の名前が書かれているものを「十二人書き」といいます。色物《いろもの》の芸人《げいにん》の名前は赤い墨《すみ》で書きます。

❸ 完成《かんせい》した「十二人書き」。たっぷりと墨《すみ》をふくんでいるので、時間をかけてかわかします。

❹ トリ（主任《しゅにん》）の落語家《らくごか》の名前が大きく書かれているものを「一枚看板《いちまいかんばん》」といいます。

文字を客席《きゃくせき》に見立てて、すきまなく書く

寄席文字《よせもじ》の力強い独特《どくとく》な書体の文字は、客《きゃく》席《せき》にすきまがないほど、お客さんにつめかけてほしいというねがいから生まれました。

文字の黒々《くろぐろ》としたところがお客さん、余白《よはく》は空席《くうせき》をあらわしています。また寄席文字《よせもじ》は右上がりに書きます。これは今日よりも明日、明日より明後日と、右肩上《みぎかたあ》がりでお客さんが来てくれるようにという、ねがいと縁起《えんぎ》がこめられています。

寄席《よせ》に立てかけられた「一枚看板《いちまいかんばん》」と「十二人書き」

池袋演芸場《いけぶくろえんげいじょう》

寄席文字《よせもじ》の作品紹介《さくひんしょうかい》

寄席文字《よせもじ》は看板《かんばん》のほか、高座《こうざ》に置《お》かれる芸人《げいにん》の名を書いた「めくり」や、落語会《らくごかい》のポスター、チラシ、手ぬぐいや扇子袋《せんすぶくろ》の表書きなどに使われています。

明治時代《めいじじだい》の寄席《よせ》一覧表《いちらんひょう》

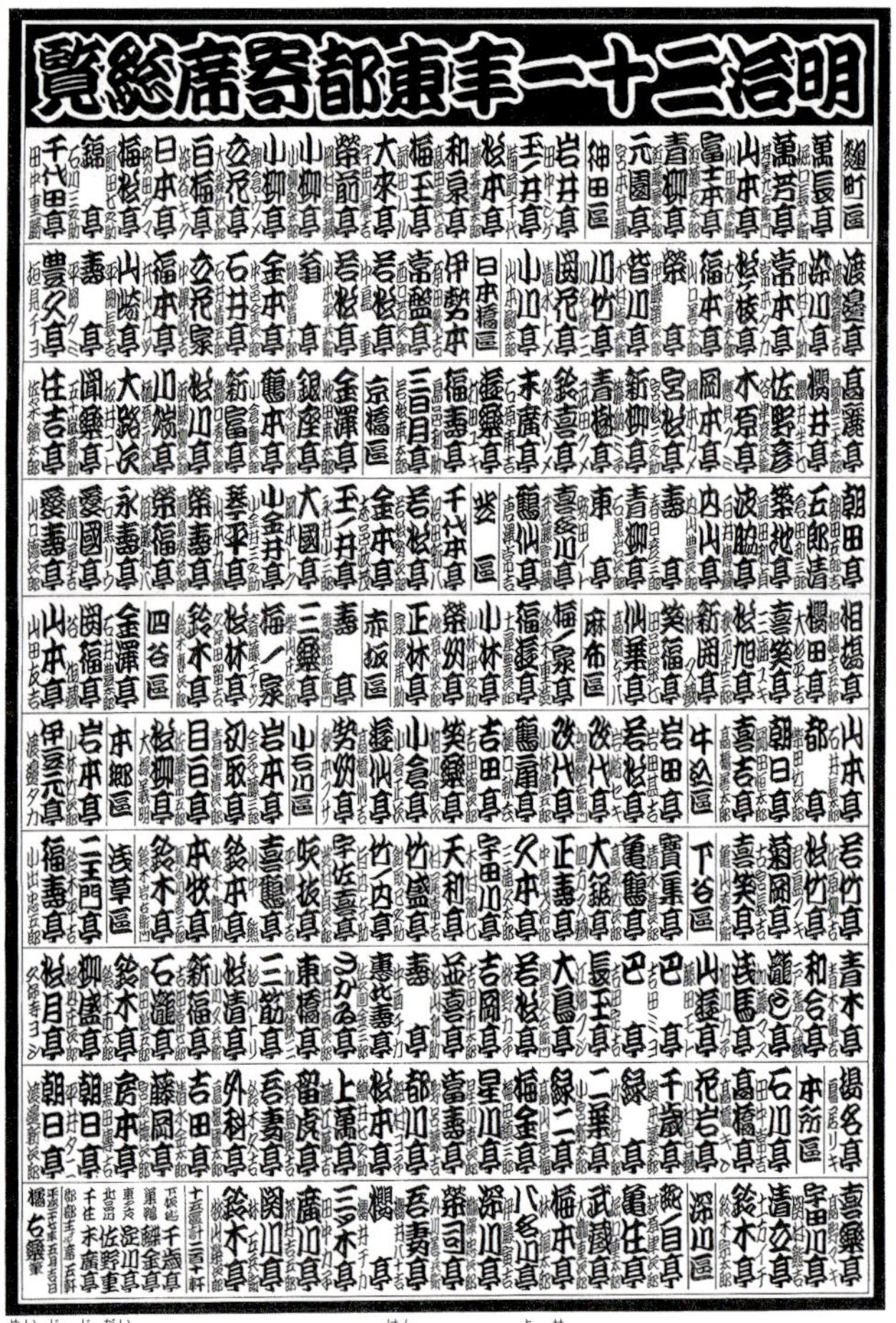
明治廿一年東都寄席総覧

明治時代《めいじじだい》には、東京に二百軒《けん》近くの寄席《よせ》がありました。

幟《のぼり》

桂《かつら》やまとさんの襲名《しゅうめい》のときに、ごひいきからおくられた幟《のぼり》。

手ぬぐいと扇子袋《せんすぶくろ》

桂《かつら》やまとさんの襲名《しゅうめい》のときに配られた手ぬぐいと扇子《せんす》。

落語会《らくごかい》のチラシ

落語会《らくごかい》のチラシやポスターなども数多く手がけています。

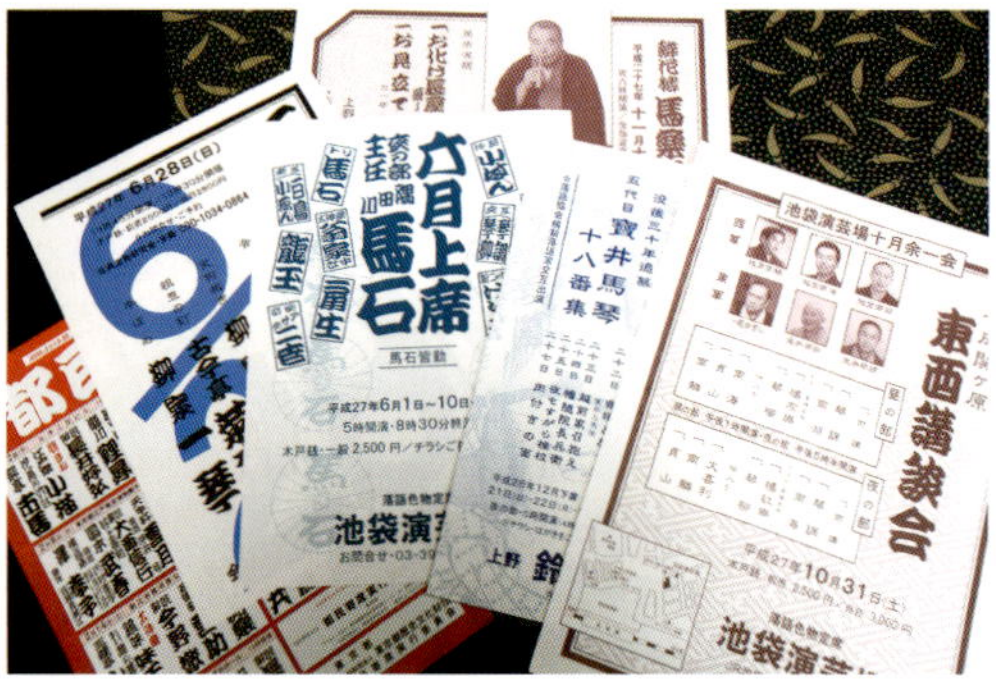

コラム 寄席文字《よせもじ》の特徴《とくちょう》

●余白《よはく》を少なく、つめて書く
客席《きゃくせき》がお客さんでいっぱいになるように、すきまを少なくつめて書きます。

●横線は右上がりに
お客さんが日を追うごとにふえていくように、右上がりに書きます。

●やや縦長《たてなが》に書く
縦長《たてなが》に書くと、きれいに見えるので、漢字は縦《たて》と横が四対三の比率《ひりつ》になるように書きます。ひらがな、カタカナは、正方形に書くときれいです。

●一定の太さで、線は太く
筆に墨《すみ》をたっぷりとつけて、太く、一定の太さになるように書きます。

●線は平行に
文字のバランスを考えて、縦《たて》、横、ななめの線が二本以上《いじょう》ならぶときは、平行になるように書き、そのあいだの余白《よはく》も均等《きんとう》になるようにします。

●画数の多い文字ほど書きやすい
画数の多い文字は、形になりやすいので書きやすく、ひらがななどはバランスがとりにくいので、むずかしいとされています。

寄席《よせ》文字《もじ》にチャレンジしてみよう

「寄席《よせ》文字《もじ》を書いてみたい」という人で人気の「寄席《よせ》文字《もじ》教室」。横浜《よこはま》にぎわい座《ざ》で開かれたイベントをのぞいてみました。

すべての基本《きほん》は漢数字です。太く、まっすぐに書けるようになるまで、何度も練習します。

「寄席文字《よせもじ》」の書き方の基本《きほん》を、実際《じっさい》に筆を使って体験《たいけん》します。右樂《うらく》さんの、わかりやすく軽妙《けいみょう》なおしゃべりで、楽しく「寄席文字《よせもじ》」を学びます。

寄席《よせ》文字《もじ》で「夢《ゆめ》」を書こう

「夢《ゆめ》」は、人気の文字。お手本を見ながら、書き順《じゅん》にそって書いてみましょう。

【書き方のポイント】

- ●鉛筆《えんぴつ》を持つように筆を持ちます。
- ●紙から手をはなさないようにします。
- ●たっぷり墨《すみ》をつけて、筆の腹《はら》をいっぱいに使います。

「夢」「笑」は、人気のある文字です。まずは先生に見本を書いてもらいます。

ミニインタビュー

寄席文字《よせもじ》の命は、美しい余白《よはく》

寄席文字書家《よせもじしょか》
橘《たちばな》 右樂《うらく》 さん

子どものころ、母親につれられて寄席《よせ》に通ううちに、落語《らくご》のおもしろさに目ざめたという右樂《うらく》さん。そのうちに、寄席《よせ》の入り口に立てられていた看板《かんばん》の独特《どくとく》な書体に魅《み》せられて、落語《らくご》を聞くことと同じくらい、看板《かんばん》に書かれている文字に興味《きょうみ》をもつようになりました。

その後、入会した「寄席文字《よせもじ》」の教室で、師匠《ししょう》となる橘《たちばな》 右近《うこん》さんと出会います。右近《うこん》さんの指導《しどう》は、文字そのものは「見ておぼえなさい」というのが基本姿勢《きほんしせい》でしたが、それよりも「文字は人なり」と、礼儀作法《れいぎさほう》など、人として必要なことにきびしい師匠《ししょう》だったとふりかえります。

寄席《よせ》の看板《かんばん》は、寄席《よせ》の前に立てられていて、通る人の目をいかに引きつけるかが勝負です。看板《かんばん》を見る人は、みんな黒々《くろぐろ》とした墨《すみ》の部分に目がいきますが、右樂《うらく》さんたちは、墨《すみ》を使って「美しい余白《よはく》」をつくることに集中して書いていきます。

右樂《うらく》さんは、「寄席文字書家《よせもじしょか》」としてだけでなく、むかしからの寄席《よせ》や寄席文化《よせぶんか》についても幅広《はばひろ》く研究してまとめています。これからも、「寄席文字《よせもじ》」の伝承《でんしょう》とともに、「寄席文化《よせぶんか》」の伝統《でんとう》を守り、伝《つた》えていくことでしょう。

落語《らくご》を楽しもう

おやこ寄席《よせ》

おやこで広がる笑《わら》いの輪《わ》

「落語《らくご》を聞いたことある人は手をあげて」。落語《らくご》とはどういうものかをわかりやすく解説《かいせつ》する桂《かつら》 文我《ぶんが》さん。

ふうふう、ずずーっ。あつあつのうどんを食べるしぐさをする桂《かつら》 二乗《にじょう》さん（右）。

「落語家《らくごか》の小道具《こどうぐ》は、手ぬぐいと扇子《せんす》です」。落語《らくご》の前に、手ぬぐいや扇子《せんす》を使ったしぐさについての解説《かいせつ》をします。（横浜《よこはま》にぎわい座《ざ》）

扇子《せんす》を使って、大盃《たいはい》にお酒をつぐしぐさをする文我《ぶんが》さん（左）と桂《かつら》まん我《が》さん。

「聞いたことのある落語《らくご》はなにかな？」桂《かつら》 文我《ぶんが》さんの問いかけに、「はい、はーい！寿限無《じゅげむ》」「まんじゅうこわい！」「皿屋敷《さらやしき》！」子どもたちの元気な声が会場内にひびきます。

「おやこ寄席《よせ》」は、子どもたちにも落語《らくご》のおもしろさを伝《つた》えたいと、桂《かつら》 文我《ぶんが》さんが平成《へいせい》四年（一九九二年）からはじめた落《らく》語会《ごかい》です。ほかの落語会《らくごかい》と大きくちがうのは、集中して落語《らくご》を聞いてもらいたいと、子どもたちは前の席《せき》に、大人は後ろの席《せき》にと分かれて座《すわ》り、噺《はなし》を聞くということです。

また、「おやこ寄席《よせ》」では、はじめて落語《らくご》を聞く子どもたちのために、着物の説明《せつめい》、小噺紹介《こばなししょうかい》、扇子《せんす》・手ぬぐいの使い方などを楽しくわかりやすく説明《せつめい》します。そして、子どもたちが落語家《らくごか》に親しみをもちながら、その技《わざ》に感心したところで、いよいよ落語《らくご》のはじまりです。

落語《らくご》には、おもしろい噺《はなし》だけでなく、こわい噺《はなし》や泣《な》けてくる噺《はなし》などたくさんの噺《はなし》があります。まず「おやこ寄《よ》席《せ》」で本物の落語《らくご》の楽しさにふれてみましょう。

【問い合わせ先】
文我《ぶんが》の会事務局《じむきょく》
〒515-1105
三重県松阪市大河内町818
TEL 090-1414-9888
http://www.katsurabunga.net/

落語《らくご》を楽しめる主な場所

※このほか地域《ちいき》のホールなどでも落語《らくご》の公演《こうえん》が行われています。

浅草演芸《あさくさえんげい》ホール

〒111-0032　東京都台東区浅草1-43-12
TEL 03-3841-6545
http://www.asakusaengei.com/

東京に4軒《けん》ある落語《らくご》の定席《じょうせき》の一つで、落語《らくご》を中心に、漫才《まんざい》・コント・マジックなどの寄席芸《よせげい》を一年中楽しむことができます。

池袋演芸場《いけぶくろえんげいじょう》

〒171-0021　東京都豊島区西池袋1-23-1
エルクルーセビル 地下1階
TEL 03-3971-4545
http://www.ike-en.com/

東京に4軒《けん》ある落語《らくご》の定席《じょうせき》の一つ。毎月の下席《しもせき》（21〜30日）夜の部で、出演者《しゅつえんしゃ》を毎日変《か》えた特別興行《とくべつこうぎょう》を行うなど、特色《とくしょく》のある番組づくりをしています。

末広亭《すえひろてい》

〒160-0022　東京都新宿区新宿3-6-12
TEL 03-3351-2974
http://www.suehirotei.com/

東京に4軒《けん》ある落語《らくご》の定席《じょうせき》の一つ。そのなかでは唯一《ゆいいつ》の木造《もくぞう》の建物《たてもの》で、むかしながらの寄席《よせ》の雰囲気《ふんいき》を感じることができます。

鈴本演芸場《すずもとえんげいじょう》

〒110-0005　東京都台東区上野2-7-12
TEL 03-3834-5906
http://www.rakugo.or.jp/

東京に4軒《けん》ある落語《らくご》の定席《じょうせき》の一つ。江戸時《えどじ》代《だい》の末《すえ》、上野広小路《うえのひろこうじ》で講釈場《こうしゃくば》（講談専門《こうだんせんもん》の小屋）としてはじまり、その後、寄席《よせ》になりました。落語《らくご》を中心に、多くの寄席芸《よせげい》が一年中楽しめます。

【ここもチェック!】

お江戸上野広小路亭《えどうえのひろこうじてい》

〒110-0005　東京都台東区上野1-20-10
上野永谷ビル2階
TEL 03-3833-1789
http://www.ntgp.co.jp/engei/ueno/

お江戸日本橋亭《えどにほんばしてい》

〒103-0023　東京都中央区日本橋本町3-1-6
日本橋永谷ビル1階
TEL 03-3245-1278
http://www.ntgp.co.jp/engei/nihonbasi/

お江戸両国亭《えどりょうごくてい》

〒103-0026　東京都墨田区両国4-30-4
両国武蔵野マンション 1階
TEL 03-3833-1789
http://www.ntgp.co.jp/engei/ryougoku/

紀伊國屋寄席《きのくにやよせ》
（紀伊國屋《きのくにや》ホール）

〒163-8636　東京都新宿区新宿3-17-7
紀伊國屋書店新宿本店 4階
TEL 03-3354-0141（紀伊國屋ホール）
https://www.kinokuniya.co.jp/c/store/hall.html

三越落語会《みつこしらくごかい》
（三越劇場《みつこしげきじょう》）

〒103-0022　東京都中央区日本橋室町1-4-1
日本橋三越本店本館 6階
TEL 03-3274-8673（三越劇場）
http://mitsukoshi.mistore.jp/bunka/theater/index.html

えどはく寄席《よせ》
（江戸東京博物館《えどとうきょうはくぶつかん》）

〒130-0015　東京都墨田区横網1-4-1
「江戸東京博物館」5階　常設展示室中村座前
TEL 03-3626-9974（江戸東京博物館）
https://www.edo-tokyo-museum.or.jp/event/yose/

京都・らくご博物館《はくぶつかん》
（京都国立博物館《きょうとこくりつはくぶつかん》）

〒605-0931　京都市東山区茶屋町527
TEL 075-525-2473（京都国立博物館）
http://www.kyohaku.go.jp/jp/event/rak/

国立演芸場《こくりつえんげいじょう》

〒102-8656　東京都千代田区隼町4-1
TEL 03-3265-7411
http://www.ntj.jac.go.jp/engei.html

1979（昭和《しょうわ》54）年に国立劇場《こくりつげきじょう》の一部として開場《かいじょう》した国立の演芸場《えんげいじょう》です。上席《かみせき》（1〜10日）と中席《なかせき》（11〜20日）のみで下席《しもせき》はありませんが、月に一度の「国立名人会」や若手《わかて》が出演《しゅつえん》する「花形演芸会《はながたえんげいかい》」、落語家《らくごか》の独演会《どくえんかい》などがもよおされています。

横浜《よこはま》にぎわい座《ざ》
（横浜市芸能《よこはましげいのう》センター）

〒231-0064　横浜市中区野毛町3-110-1
TEL 045-231-2525
http://nigiwaiza.yafjp.org/

2002（平成《へいせい》14）年に開場《かいじょう》した、横浜市立《よこはましりつ》の落語《らくご》・漫才《まんざい》・大道芸《だいどうげい》などの大衆芸能専門館《たいしゅうげいのうせんもんかん》です。月の前半（1〜15日）は寄席《よせ》として、にぎわい座《ざ》の主催公演《しゅさいこうえん》があるほか、のげシャーレ（小ホール）で若手中心《わかてちゅうしん》の企画《きかく》が行われています。

大須演芸場《おおすえんげいじょう》

〒460-0011　名古屋市中区大須2-19-39
TEL 0577-62-9203
http://www.osuengei.nagoya/

名古屋市中区《なごやしなかく》の大須観音《おおすかんのん》のそばにあります。寄席《よせ》が開かれているのは毎月1〜10日の上席《かみせき》のみですが、中京圏《ちゅうきょうけん》で唯一《ゆいいつ》の寄席《よせ》として人気を集めています。

天満天神繁昌亭《てんまてんじんはんじょうてい》

〒530-0041　大阪市北区天神橋2-1-34
TEL 06-6352-4874
http://www.hanjotei.jp/

上方落語《かみがたらくご》の唯一《ゆいいつ》の定席《じょうせき》で、落語《らくご》を中心とした寄席芸《よせげい》の興行《こうぎょう》が行われています。公演《こうえん》は朝席《あさせき》・昼席《ひるせき》・夜席《よるせき》の計3回があります。大阪《おおさか》には長いあいだ常設《じょうせつ》の寄席《よせ》がありませんでしたが、2006（平成《へいせい》18）年に繁昌亭《はんじょうてい》が開場《かいじょう》したことで、半世紀《はんせいき》ぶりに上方落語《かみがたらくご》の定席《じょうせき》が復活《ふっかつ》しました。

天満天神繁昌亭《てんまてんじんはんじょうてい》

一般社団法人 日本浪曲協会《にほんろうきょくきょうかい》

〒111-0034 東京都台東区雷門1-10-4

TEL 03-3844-1611 http://rokyoku.or.jp/

公益社団法人 浪曲親友協会《ろうきょくしんゆうきょうかい》

〒543-0054 大阪市天王寺区南河堀町3-4 シオミビル301

TEL 06-6771-6682 https://www.rokyokushinyu.org/

一般社団法人 東京演芸協会《とうきょうえんげいきょうかい》

〒111-0032 東京都台東区浅草3-24-5 富士マンション310

TEL 03-6802-3745 http://www.tokyo-engeikyokai.com/

太神楽曲芸協会《だいかぐらきょくげいきょうかい》

http://www.daikagura.org/

公益社団法人 日本奇術協会《にほんきじゅつきょうかい》

〒169-0073 東京都新宿区百人町1-20-3

バラードハイム新宿渡辺ビル402

TEL 03-3361-5221（受付：平日13～17時）

http://www.jpma.net/

ボーイズバラエティ協会《きょうかい》

〒160-0021 東京都新宿区歌舞伎町2-45-5 新宿永谷ビル408

TEL 03-3202-1790 http://bo-vara.com/

伝統芸能《でんとうげいのう》が調べられる場所

【伝統芸能全般《でんとうげいのうぜんぱん》】

伝統芸能情報館《でんとうげいのうじょうほうかん》

〒102-8656 東京都千代田区隼町4-1

TEL 03-3265-7411

http://www.ntj.jac.go.jp/tradition.html

国立劇場《こくりつげきじょう》の敷地内《しきちない》にあり、伝統芸能《でんとうげいのう》にかんする歴史的《れきしてき》な資料《しりょう》や映像《えいぞう》を閲覧《えつらん》することができます。図書閲覧室《としょえつらんしつ》や企画展示《きかくてんじ》を行っている資料展示室《しりょうてんじしつ》のほか、公演記録《こうえんきろく》の観賞会《かんしょうかい》や講演会《こうえんかい》も行われています。

【ウェブサイト】

文化デジタルライブラリー

http://www2.ntj.jac.go.jp/dglib/

独立行政法人日本芸術文化振興会《どくりつぎょうせいほうじんにほんげいじゅつぶんかしんこうかい》が運営《うんえい》する「伝統芸能《でんとうげいのう》を調べる・見る・学ぶ」ためのサイトです。映像《えいぞう》による解説《かいせつ》や画像資料《がぞうしりょう》などの豊富《ほうふ》なコンテンツで伝統芸能《でんとうげいのう》の基礎知識《きそちしき》を学べます。

主な落語家《らくごか》の団体《だんたい》

一般社団法人 落語協会《らくごきょうかい》

〒110-0005 東京都台東区上野1-9-5

TEL 03-3833-8563 http://rakugo-kyokai.jp/

東京の落語家《らくごか》や講談師《こうだんし》、芸人《げいにん》などが所属《しょぞく》する団体《だんたい》。1923（大正《たいしょう》12）年に設立《せつりつ》された「東京落語協会《とうきょうらくごきょうかい》」をルーツとし、その後いく度もの分裂《ぶんれつ》や合併《がっぺい》をへて現在《げんざい》にいたっています。落語芸術協会《らくごげいじゅつきょうかい》とともに、東京の落語界《らくごかい》を代表する「二大協会《にだいきょうかい》」の一つです。

公益社団法人 落語芸術協会《らくごげいじゅつきょうかい》

〒160-0023 東京都新宿区西新宿6-12-30 芸能花伝舎 2階

TEL 03-5909-3080 https://www.geikyo.com/

東京の落語家《らくごか》や講談師《こうだんし》、芸人《げいにん》などが所属《しょぞく》する団体《だんたい》。1930（昭和《しょうわ》5）年に「日本芸術協会《にほんげいじゅつきょうかい》」として設立《せつりつ》され、1977（昭和《しょうわ》52）年に現在《げんざい》の名称《めいしょう》にあらためました。落語協会《らくごきょうかい》とともに、東京の落語界《らくごかい》を代表する「二大協会《にだいきょうかい》」の一つです。

公益社団法人 上方落語協会《かみがたらくごきょうかい》

〒530-0043 大阪市北区天満4-12-7

TEL 06-6354-7727 http://www.kamigatarakugo.jp/

関西《かんさい》を中心に活躍《かつやく》する落語家《らくごか》が所属《しょぞく》する団体《だんたい》で、1957（昭和《しょうわ》32）年に18名の落語家《らくごか》により結成《けっせい》されました。2006（平成《へいせい》18）年には悲願《ひがん》だった落語専門《らくごせんもん》の定席《じょうせき》「天満天神繁昌亭《てんまてんじんはんじょうてい》」がオープンし、現在《げんざい》では200名以上《いじょう》が所属《しょぞく》する大きな団体《だんたい》になっています。

主な寄席芸《よせげい》の団体《だんたい》

一般社団法人 漫才協会《まんざいきょうかい》

〒111-0032 東京都台東区浅草1-11-2 御所ビル3B号室

TEL 03-5828-5030 http://www.manzaikyokai.org/

上方漫才協会《かみがたまんざいきょうかい》

http://www.yoshimoto.co.jp/kamigatamanzaikyokai/

講談協会《こうだんきょうかい》

TEL 03-3272-6888 http://kodankyokai.com/

日本講談協会《にほんこうだんきょうかい》

http://n-kodan.com/

大阪講談協会《おおさかこうだんきょうかい》

TEL 090-3725-4575 http://www.osaka-kodankyoukai.com/

伝統芸能《でんとうげいのう》が調べられる本

【伝統芸能全般《でんとうげいのうぜんぱん》】

『ポプラディア情報館《じょうほうかん》　伝統芸能《でんとうげいのう》』

三隅治雄／監修　ポプラ社（2007）

【落語《らくご》】

**『新版《しんぱん》 日本の伝統芸能《てんとうげいのう》はおもしろい
柳家花緑《やなぎやかろく》と落語《らくご》を観《み》よう』**

柳家花緑／監修　小野幸惠／著　岩崎書店（2015）

『春風亭一之輔《しゅんぷうていいちのすけ》のおもしろ落語入門《らくごにゅうもん》』

春風亭一之輔／著　山口 晃／画　小学館（2016）

**『林家木久扇《はやしやきくおう》の みんなが元気になる
学校寄席《がっこうよせ》入門』 全《ぜん》4巻《かん》**

こどもくらぶ／編著　彩流社（2015）

『体験《たいけん》！　子《こ》ども寄席《よせ》』 全《ぜん》5巻《かん》

車 浮代／監修　古今亭菊千代／文　偕成社（2014）

**『こども伝統芸能《てんとうげいのう》シリーズ3
落語《らくご》　柳家花緑《やなぎやかろく》　私《わたし》がご案内《あんない》します』**

柳家花緑／監修・文　アリス館（2006）

**『伝《つた》えよう！　日本の伝統芸能《でんとうげいのう》
大研究《だいけんきゅう》 落語《らくご》と講談《こうだん》の図鑑《ずかん》』**

国土社編集部／編　桂 扇生、宝井琴調／監修　国土社（2016）

『物語で学ぶ日本の伝統芸能《てんとうげいのう》5　寄席芸《よせげい》・大道芸《だいどうげい》』

小沢昭一・矢野誠一／監修　くもん出版（2004）

『日本の伝統芸能《てんとうげいのう》7　大道芸《だいどうげい》・寄席芸《よせげい》』

高橋秀雄・芳賀日出男／監修　大野 桂／著　小峰書店（1995）

**『子ども版《ばん》 声に出して読みたい日本語(11)
いま何刻《なんどき》だい？ がらぴい、がらぴい、風車／落語《らくご》・口上《こうじょう》』**

斎藤 孝／編　草思社（2005）

『21世紀版《せいきばん》　少年少女古典文学館《こてんぶんがくかん》（23）江戸《えど》の笑《わら》い』

興津 要／著　講談社（2010）

【落語】

国立演芸場《こくりつえんげいじょう》 演芸資料展示室《えんげいしりょうてんじしつ》

〒102-8656　東京都千代田区隼町4-1
TEL 03-3265-7411
http://www.ntj.jac.go.jp/engei.html

落語《らくご》、漫才《まんざい》、浪曲《ろうきょく》、講談《こうだん》などの公演《こうえん》が行われる国立演芸場《こくりつえんげいじょう》の1階にあり、これらの大衆芸能《たいしゅうげいのう》に関係《かんけい》する文献《ぶんけん》や資料《しりょう》が展示《てんじ》されているほか、企画展《きかくてん》も行われています。

ワッハ上方《かみがた》
（大阪府立上方演芸資料館《おおさかふりつかみがたえんげいしりょうかん》）

〒542-0075　大阪市中央区難波千日前12-7　YES・NAMBAビル 7階
TEL 06-6631-0884
http://wahha-kamigata.jp/

上方演芸《かみがたえんげい》（落語《らくご》・漫才《まんざい》・講談《こうだん》・浪曲《ろうきょく》など）にかんする資料《しりょう》を収集《しゅうしゅう》・保存《ほぞん》・活用するための文化施設《ぶんかしせつ》。上方芸人《かみがたげいにん》の過去《かこ》のテレビ映像《えいぞう》やラジオ音声などが視聴《しちょう》できるほか、上方演芸《かみがたえんげい》・上方喜劇《かみがたきげき》にかんする書籍《しょせき》を閲覧《えつらん》することができます。

落語《らくご》みゅーじあむ
（池田市立上方落語資料展示館《いけだしりつかみがたらくごしりょうてんじかん》）

〒563-0058　大阪府池田市栄本町7-3
TEL 072-753-4440
http://www.ikedashi-kanko.jp/recommend-spot04.html

2007（平成《へいせい》19）年に開館した、市立としては日本初《にほんはつ》の上方落語《かみがたらくご》の資料《しりょう》を常設展示《じょうせつてんじ》する資料館《しりょうかん》。映像《えいぞう》による落語《らくご》の紹介《しょうかい》や、落語家《らくごか》のDVD・CDを視聴《しちょう》できるコーナーなどがあるほか、毎月第2土曜日には落語会《らくごかい》（木戸銭《きどせん》が必要《ひつよう》）を開催《かいさい》しています。

天満天神繁昌亭《てんまてんじんはんじょうてい》

〒530-0041　大阪市北区天神橋2-1-34
TEL 06-6352-4874
http://www.hanjotei.jp/exe/index.html

平日の午前中（午前10時～11時30分）に学校むけのプログラム、『上方落語体験講座《かみがたらくごたいけんこうざ》』を行っています。基本《きほん》のプログラムは、プロの落語家《らくごか》による解説《かいせつ》、三味線《しゃみせん》・太鼓《たいこ》などのお囃子《はやし》の紹介《しょうかい》、落語《らくご》の実演《じつえん》の3本立て。小学生から高校生まで、段階《だんかい》に応《おう》じた内容《ないよう》が用意されています。
※申しこみは100名から。問い合わせは、天満天神繁昌亭《てんまてんじんはんじょうてい》まで。

【ウェブサイト】

鈴本演芸場《すずもとえんげいじょう》

http://www.rakugo.or.jp/

鈴本演芸場《すずもとえんげいじょう》の公式《こうしき》ホームページ。演芸場《えんげいじょう》の紹介《しょうかい》のほか、落語《らくご》や寄席《よせ》についての豆知識《まめちしき》が紹介《しょうかい》されています。

芸惜しみ（げいおしみ）

高座《こうざ》で実力を出しきらないこと。また、芸《げい》が荒《あ》れるのをおそれて、無理《むり》に客のうけをねらわないこと。

見台（けんだい）

上方落語《かみがたらくご》で、落語家《らくごか》の前に置《お》かれる小さな机《つくえ》のこと。

高座（こうざ）

寄席《よせ》の舞台《ぶたい》のこと。客席《きゃくせき》より高いところにあることから。

高座返し（こうざがえし）

寄席《よせ》の高座《こうざ》で、一席《いっせき》終わるたびに座布団《ざぶとん》を裏返《うらがえ》したり、「めくり」をめくるなどして、次の演芸《えんげい》の準備《じゅんび》をすること。

口上（こうじょう）

真打昇進《しんうちしょうしん》や襲名披露《しゅうめいひろう》のときに、本人と師匠《ししょう》や幹部《かんぶ》たちが高座《こうざ》にならび、観客《かんきゃく》に報告《ほうこく》やあいさつをすること。

香盤（こうばん）

落語家《らくごか》の序列《じょれつ》のこと。所属《しょぞく》する協会《きょうかい》のなかで、役職《やくしょく》や、真打《しんうち》・二《ふた》ツ目《め》・前座《ぜんざ》の身分、昇進《しょうしん》した順番《じゅんばん》などによって決められる。

小拍子（こびょうし）

上方落語《かみがたらくご》で見台《けんだい》の上に置《お》かれる小さな拍子《ひょうし》木《ぎ》。これで見台《けんだい》をカチャカチャと打って、噺《はなし》の雰囲気《ふんいき》を変《か》えたり、場面転換《ばめんてんかん》の合図をしたりする。

サゲ

落語《らくご》の最後《さいご》のセリフ。「オチ」ともいう。

さら

最初《さいしょ》に高座《こうざ》にあがる芸人《げいにん》のこと。「さらくち」「開口一番《かいこういちばん》」ともいう。

三題噺（さんだいばなし）

落語《らくご》の趣向《しゅこう》の一つ。客席《きゃくせき》から三つのお題を出してもらい、その言葉をすべて使って、その場で一席《いっせき》の噺《はなし》にまとめて演《えん》じるもの。

鹿芝居（しかしばい）

落語家《らくごか》が演《えん》じる素人芝居《しろうとしばい》のこと。江戸時代《えどじだい》に寄席《よせ》の大喜利《おおぎり》としてはじめたもので、

お囃子（おはやし）

芸人《げいにん》が高座《こうざ》にあがるときなどに三味線《しゃみせん》や太鼓《たいこ》でかなでる音楽。また、それを演奏《えんそう》する人。

お膝送り（おひざおくり）

客席《きゃくせき》が座敷《ざしき》の場合に、あとから来た人が座《すわ》れるよう、少しずつつめあってもらうなどして場所をつくること。

開口一番（かいこういちばん）

寄席《よせ》や落語会《らくごかい》で、最初《さいしょ》に一席《いっせき》、落語《らくご》を演《えん》じる芸人《げいにん》（前座《ぜんざ》または二《ふた》ツ目《め》）。

顔付け（かおづけ）

寄席《よせ》や落語会《らくごかい》の出演者《しゅつえんしゃ》や、その組みあわせのこと。

楽屋（ネタ）帳（がくやちょう）

噺《はなし》がかさならないよう、その日の出演者《しゅつえんしゃ》の演題《えんだい》を書きつけた帳面《ちょうめん》。「ネタ帳《ちょう》」ともいう。楽屋《がくや》に置《お》かれ、前座《ぜんざ》のなかでも一番古《ふる》株《かぶ》の「立前座《たてぜんざ》」が筆で記入する。

かぜ

落語家《らくごか》の符丁《ふちょう》（かくし言葉）で扇子《せんす》のこと。

上下を切る（かみしもをきる）

落語《らくご》で、二人が会話するのを、上手《かみて》をむいたり下手《しもて》をむいたりして表現《ひょうげん》すること。

上席（かみせき）

寄席《よせ》の興行《こうぎょう》で、毎月1日から10日まで。またその10日間に行われる興行《こうぎょう》のこと。同様に11日から20日までを「中席《なかせき》」、21日から30日までを「下席《しもせき》」とよぶ。

木戸銭（きどせん）

寄席《よせ》の入場料《にゅうじょうりょう》のこと。寄席《よせ》の入り口を「木《き》戸《ど》」といったことから、木戸《きど》を通るための入場料《にゅうじょうりょう》をこうよぶようになった。

くいつき

中入《なかい》り直後の出番。またはその芸人《げいにん》。休憩《きゅうけい》で高座《こうざ》から気がそれている客の気持ちを、ふたたび集中させる役割《やくわり》をになっている。

くすぐり

噺《はなし》の本筋《ほんすじ》とは関係《かんけい》のない、だじゃれやギャグで観客《かんきゃく》の笑《わら》いをとること。

ミニミニ「用語基礎知識《ようごきそちしき》」

板付き（いたつき）

幕《まく》があいたときに出演者《しゅつえんしゃ》がすでに高座《こうざ》にあがっていること。

一番太鼓（いちばんだいこ）

寄席《よせ》で、開場《かいじょう》のときにたたく太鼓《たいこ》。「ドンドンドントコイ」と聞こえるようにたたく。

一枚看板（いちまいかんばん）

主要《しゅよう》な出演者《しゅつえんしゃ》、一名の名前だけを書いた大きな看板《かんばん》のこと。「大看板《おおかんばん》」ともいう。世間にみとめられたすぐれた芸人《げいにん》の証《あかし》とされる。

一門会（いちもんかい）

師匠《ししょう》と、その弟子《でし》たちが登場する会。

色物（いろもの）

寄席《よせ》で行われる落語以外《らくごいがい》の演芸《えんげい》のこと。漫才《まんざい》、漫談《まんだん》、紙切り、奇術《きじゅつ》（マジック）、講談《こうだん》、太神楽《だいかぐら》、俗曲《ぞっきょく》、声帯模写《せいたいもしゃ》など。

後ろ幕（うしろまく）

落語家《らくごか》が真打《しんうち》に昇進《しょうしん》したり、大きな名跡《みょうせき》を襲名《しゅうめい》するさいの披露興行《ひろうこうぎょう》で、高座《こうざ》の後ろにかざられる幕《まく》。ひいきの客からおくられることが多い。

追い出し太鼓（おいだしだいこ）

寄席《よせ》で終演《しゅうえん》のときにたたく太鼓《たいこ》。「デテケデテケ デテケ」と聞こえるようにたたく。

大喜利（おおぎり）

寄席《よせ》の一日の興行《こうぎょう》の終わりに、その日の複数《ふくすう》の出演者《しゅつえんしゃ》が登場して演《えん》じる余興《よきょう》のこと。観客《かんきゃく》からのお題に合わせて踊《おど》りや芝居《しばい》をしたり、なぞかけなどを行ったりする。

お茶子（おちゃこ）

楽屋《がくや》で芸人《げいにん》の世話をする役目の女性《じょせい》のこと。上方《かみがた》の寄席《よせ》に特有《とくゆう》の存在《そんざい》で、「高座返《こうざがえ》し」や「めくり」の返しなども行う。

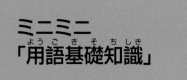

はねる

寄席《よせ》で一日の興行《こうぎょう》が終わること。

はめもの

落語《らくご》の噺《はなし》の途中《とちゅう》に効果音《こうかおん》として入れる三味《しゃみ》線《せん》や鳴物《なりもの》などのお囃子《はやし》のこと。上方落語《かみがたらくご》には「はめもの」の入る噺《はなし》がたくさんあり、特色《とくしょく》の一つになっている。

膝かくし（ひざかくし）

上方落語《かみがたらくご》で、落語家《らくごか》の前に置《お》かれる小さなついたてのこと。動きの多い噺《はなし》などで、着物のすそのみだれをかくすためといわれている。

膝がわり（ひざがわり）

寄席《よせ》の番組でトリの前に出る芸人《げいにん》のこと。トリが演《えん》じやすいよう、色物《いろもの》の芸人《げいにん》が出演《しゅつえん》することが多い。

マクラ

落語《らくご》の噺《はなし》で、本題に入る前にしゃべる導入《どうにゅう》部分《ぶぶん》のこと。世間話や、本題と関連《かんれん》する小《こ》噺《ばなし》が話されることが多い。

招き（まねき）

寄席《よせ》の木戸口《きどぐち》や軒《のき》にかかげる主な出演者《しゅつえんしゃ》の名前を書いた看板《かんばん》。「招《まね》き看板《かんばん》」ともいう。

まんだら

落語家《らくごか》の符丁《ふちょう》で、手ぬぐいのこと。

めくり

高座《こうざ》の上に置《お》かれている、出演者《しゅつえんしゃ》の名前を書いた紙の札《ふだ》のこと。

もぎり

入り口でチケットの半券《はんけん》を切る人。

余一会（よいちかい）

寄席《よせ》で31日に行われる特別興行《とくべつこうぎょう》のこと。

楽日（らくび）

興行《こうぎょう》の最後《さいご》の日。千秋楽《せんしゅうらく》。

割（わり）

寄席《よせ》に出た芸人《げいにん》がもらう出演料《しゅつえんりょう》。一日ごとに客の入りによって計算される。

「チケット」がなまったもの。

出囃子（でばやし）

芸人《げいにん》が高座《こうざ》へあがるときに、背景《はいけい》に流れる音楽のこと。三味線《しゃみせん》と太鼓《たいこ》で演奏《えんそう》される。

天狗連（てんぐれん）

アマチュア落語家《らくごか》のこと。趣味《しゅみ》が高《こう》じて、みずから舞台《ぶたい》にあがるようになった素人衆《しろうとしゅう》をさしていう。

とば

落語家《らくごか》の符丁《ふちょう》で着物、とくに高座着《こうざぎ》のこと。

トリ

寄席《よせ》の番組の最後《さいご》に出る芸人《げいにん》。「主任《しゅにん》」ともいう。最《もっと》も重要《じゅうよう》な出番であり、その番組の総責任者《そうせきにんしゃ》の役割《やくわり》をになう。

トリネタ

トリで演《えん》じるのにふさわしい大きな演目《えんもく》のこと。

ドロ

演芸中《えんげいちゅう》に幽霊《ゆうれい》が出てくる場面で入れる太鼓《たいこ》。

中入り・仲入り（なかいり）

寄席《よせ》の番組の途中《とちゅう》に入る休憩時間《きゅうけいじかん》。またその直前に出る芸人《げいにん》のこともいう。

二番太鼓（にばんだいこ）

寄席《よせ》の開演《かいえん》5分前にたたく太鼓《たいこ》。これからはじまるという合図。「オタフクコイコイ」と聞こえるようにたたく。

ネタおろし

新しくおぼえた噺《はなし》を、はじめて客の前で演《えん》じること。

幟（のぼり）

客が、ひいきの芸人《げいにん》や寄席《よせ》におくる、名前の書いてある布《ぬの》。寄席《よせ》の前に立てる。

初席（はつせき）

寄席《よせ》で正月の１日から10日まで行われる興行《こうぎょう》のこと。また1月11日から20日までを「二之席《にのせき》」という。人気の落語家《らくごか》や通常《つうじょう》より多くの出演者《しゅつえんしゃ》によって、にぎやかな興《こう》行《ぎょう》が行われる。

「はなしかしばい」から、こうよぶようになった。現在《げんざい》も年に1回、東京の国立演芸《こくりつえんげい》場《じょう》で興行《こうぎょう》が行われている。

地囃子（じばやし）

曲芸《きょくげい》や奇術《きじゅつ》、紙切りなどを演《えん》じるときに伴《ばん》奏《そう》として三味線《しゃみせん》で演奏《えんそう》する音楽。

襲名（しゅうめい）

むかしから伝《つた》わってきた、名人たちが使ってきた名前（名跡《みょうせき》）をつぐこと。襲名《しゅうめい》のさいには、その一門《いちもん》や、多くの落語家《らくごか》がかけつけて、襲名披露興行《しゅうめいひろうこうぎょう》という特別《とくべつ》なお披露《ひろ》目公演《めこうえん》が行われる。

定席（じょうせき）

ほぼ毎日、落語《らくご》の興行《こうぎょう》が行われている演芸《えんげい》場《じょう》のこと。東京の鈴本演芸場《すずもとえんげいじょう》、池袋演芸《いけぶくろえんげい》場《じょう》、末広亭《すえひろてい》、浅草演芸《あさくさえんげい》ホール、大阪《おおさか》の天満《てんま》天神繁昌亭《てんじんはんじょうてい》の計５か所がある。

素噺（すばなし）

鳴物《なりもの》や道具などを使わずに話術《わじゅつ》だけで演《えん》じる落語《らくご》のこと。

席亭（せきてい）

寄席《よせ》の経営者《けいえいしゃ》のこと。芸人《げいにん》が所属《しょぞく》する協会《きょうかい》と打ちあわせをしながら、寄席《よせ》の番組を組んだり出演者《しゅつえんしゃ》を決めたりしている。

前座噺（ぜんざばなし）

前座《ぜんざ》が演《えん》じるのにふさわしい噺《はなし》。

代演（だいえん）

予定されていた出演者《しゅつえんしゃ》が出られなくなったとき、かわりに出演《しゅつえん》する人。

立前座（たてぜんざ）

寄席《よせ》でしごとをする前座《ぜんざ》のなかで、一番先《ばんせん》輩《ぱい》の前座《ぜんざ》。寄席《よせ》の進行調整をつかさどり、楽屋《がくや》（ネタ）帳《ちょう》をつける。

ツバナレ

数が10をこえること。一つから九つまでは「つ」がつくが、十になるとつかないことから。主に客の数が一けたでなくなることをいう。

テケツ

寄席《よせ》の入場券《にゅうじょうけん》。または入場券《にゅうじょうけん》売り場のこと。

さくいん

【あ】
青菜《あおな》……38
あくび指南《しなん》……8
浅草演芸《あさくさえんげい》ホール……40
安楽庵策伝《あんらくあんさくでん》……6

【い】
池袋演芸場《いけぶくろえんげいじょう》……40、45
板付《いたつ》き……52
一番太鼓《いちばんだいこ》……5、24、27、52
一枚看板《いちまいかんばん》……45、52
一門会《いちもんかい》……52
芋俵《いもだわら》……9
色物《いろもの》……23、24、32、52

【う】
浮《う》かれの屑《くず》より……39
牛《うし》ほめ……9
後《うし》ろ幕《まく》……52

【え】
江戸落語《えどらくご》……12、13
延陽伯《えんようはく》……13

【お】
追《お》い出《だ》し太鼓《だいこ》……25、27、52
大看板《おおかんばん》……44、45
大喜利《おおぎり》……52
岡本萬作《おかもとまんさく》……7、44
お菊《きく》の皿《さら》……9
お茶子《ちゃこ》……13、52
落《お》とし噺《ばなし》……9
お囃子《はやし》……21、22、42、43、52
お膝送《ひざおく》り……52
音曲噺《おんぎょくばなし》……9、39

【か】
開口一番《かいこういちばん》……24、52
怪談噺《かいだんばなし》……9
顔付《かおづ》け……52
楽屋《がくや》……16、22～24、26、29
楽屋《がくや》（ネタ）帳《ちょう》……4、23、28、52
かぜ……40、52
桂《かつら》 文治《ぶんじ》……7
上方落語《かみがたらくご》……12、13
紙切《かみき》り……33
紙屑屋《かみくずや》……39
上下《かみしも》（を切る）……7、30、52
上席《かみせき》……25、52
上手《かみて》……7、30
かんしゃく……11

【き】
奇術《きじゅつ》……34
木戸《きど》……21、41
木戸銭《きどせん》……21、41、52
曲独楽《きょくごま》……33
金明竹《きんめいちく》……9

【く】
くいつき……52
くすぐり……11、52

【け】
芸惜《げいお》しみ……52
結婚式風景《けっこんしきふうけい》……11
見台《けんだい》……12、52

【こ】
高座《こうざ》……13、14、16、17、20～22、52
高座返《こうざがえ》し……13、16、28、52
高座扇《こうざせん》……15
口上《こうじょう》……52
小唄《こうた》……19
講談《こうだん》……35
高津《こうづ》の富《とみ》……13
香盤《こうばん》……52
こっけい噺《ばなし》……9、36
古典落語《こてんらくご》……10、13
小拍子《こびょうし》……12、52
子《こ》ほめ……6、36

【さ】
桜《さくら》の宮《みや》……13
サゲ（オチ）……8、9、52
さじき席《せき》……21
座布団《ざぶとん》……28
さら……52
三笑亭可楽《さんしょうていからく》……6、7
三題噺《さんだいばなし》……52
三年目《さんねんめ》……9
三遍《さんべん》げいこ……18
三遊亭円丈《さんゆうていえんじょう》……11
三遊亭圓朝《さんゆうていえんちょう》……7、37
三遊派《さんゆうは》……10

【し】
鹿芝居《しかしばい》……52
鹿野武左衛門《しかのぶざえもん》……6
師匠《ししょう》……16、18、26、29
篠笛《しのぶえ》……19
芝浜《しばはま》……7、37
地囃子《じばやし》……42、53
下席《しもせき》……25
下手《しもて》……7、30
蛇含草《じゃがんそう》……13
釈台《しゃくだい》……35
三味線《しゃみせん》……13、19、22、34、35、39、42、43
十二人書《じゅうににんが》き……45
襲名《しゅうめい》……53
寿限無《じゅげむ》……36
修羅場《しゅらば》……35
春風亭柳昇《しゅんぷうていりゅうしょう》……11
定席《じょうせき》……13、53
真打《しんうち》……13、17
真景累《しんけいかさね》ケ淵《がふち》……7
新作落語《しんさくらくご》……10、11

【す】
末広亭《すえひろてい》……20～25、40、41
鈴本演芸場《すずもとえんげいじょう》……40
酢豆腐《すどうふ》……13
素噺《すばなし》……53

【せ】
醒睡笑《せいすいしょう》……6
声帯模写《せいたいもしゃ》……35
席亭《せきてい》……40、41、53

前座《ぜんざ》……13、16、22、24、26〜29
前座噺《ぜんざばなし》……53
扇子《せんす》……15、30、31

【そ】
俗曲《ぞっきょく》……34
そば清《せい》……13
曽呂利新左衛門《そろりしんざえもん》……6

【た】
代演《だいえん》……24、27、53
太神楽《だいかぐら》……33
太鼓《たいこ》……13、19、22
だくだく……37
橘流《たちばなりゅう》（寄席文字《よせもじ》）……44
立前座《たてぜんざ》……23、29、53
たぬき……38
たらちね……13

【ち】
中堅前座《ちゅうけんぜんざ》……29
ちりとてちん……13

【つ】
辻《つじ》ばなし……6、12
ツノコエ……40
ツバナレ……40、53
露《つゆ》の五郎兵衛《ごろべえ》……6

【て】
亭号《ていごう》……10
出来心《できごころ》……9
テケツ……53
手ぬぐい……15、30
出囃子《でばやし》……22、42、43、53
てれすこ……6
天狗連《てんぐれん》……53
天満天神繁昌亭《てんまてんじんはんじょうてい》……13、40

【と】
道具屋《どうぐや》……9、37
時《とき》うどん……13
時《とき》そば……13、39
とば……40、53
トリ……25、53
トリネタ……53
ドロ……53
泥棒噺《どろぼうばなし》……9

【な】
中入《なかい》り・仲入《なかい》り……27、53
中入《なかい》り太鼓《だいこ》……27
長唄《ながうた》……19
中座《なかざ》……13
中席《なかせき》……25
長屋《ながや》の花見《はなみ》……9、18、38
長屋噺《ながやばなし》……9、37

【に】
二番太鼓《にばんだいこ》……24、27、53
人情噺《にんじょうばなし》……9、37

【ね】
ネタおろし……53

【の】
能管《のうかん》……19
幟《のぼり》……46、53
野間藤六《のまとうろく》……6

【は】
端唄《はうた》……19
羽織《はおり》……14、15
袴《はかま》……14
初席《はっせき》……53
花見《はなみ》の仇討《あだうち》……13
はねる……53
はめもの……13、42、53
囃子《はやし》……42、43
張扇《はりおうぎ》……35
番組……24、25

【ひ】
膝《ひざ》かくし……12、53
膝《ひざ》がわり……53
拍子木《ひょうしぎ》……12
ビラ字……44
平林《ひらばやし》……6
披露興行《ひろうこうぎょう》……17

【ふ】
二《ふた》ツ目《め》……13、17、24
文七元結《ぶんしちもっとい》……7

【ほ】
ボーイズ……35
牡丹燈籠《ぼたんどうろう》……7

【ま】
マクラ……8、53
益田太郎冠者《ますだたろうかじゃ》……11
招《まね》き……53
漫才《まんざい》……32
まんじゅうこわい……9
まんだら……40、53
漫談《まんだん》……34

【み】
見出《みだ》し……21、22、26
見習《みなら》い……13、16
見習《みなら》い前座《ぜんざ》……29

【め】
めくり……13、21、46、53
目黒《めぐろ》のさんま……39

【も】
もぎり……21、41、53

【や】
宿屋《やどや》の富《とみ》……13
柳派《やなぎは》……10

【よ】
余一会《よいちかい》……25、53
横松和平《よこまつわへい》……11
寄席《よせ》……6、20、21、24、25、40、41
寄席一覧表《よせいちらんひょう》……46
寄席文字《よせもじ》……5、21、44〜47
与太郎噺《よたろうばなし》……9
米沢彦八《よねざわひこはち》……6

【ら】
落語家《らくごか》……14〜19
楽日《らくび》……53

【ろ】
浪曲《ろうきょく》……35

【わ】
割《わり》……53

【著者プロフィール】

大友 浩（おおとも ひろし）

一九五八年、東京生まれ。演芸研究家、文筆家。落語専門レーベル「ワザオギ」プロデューサー。文化庁芸術祭審査委員。USEN『うきうき落語会』ナビゲーターも務める。主な著書に『花は志ん朝』（河出書房新社）、『落語の世界』全三巻（岩波書店・共著）、『落語のひみつ』（芸術新聞社）など。

【参考文献】

『柳家花緑と落語へ行こう』柳家花緑 著（旬報社）二〇〇三年、『ようこそ！おやこ寄席へ』桂 文我 著（岩崎書店）二〇〇四年、『DVD付き もう一度学びたい落語のすべて』大友 浩 監修 桂 平治 案内人・大友 浩 著（芸術新聞社）二〇一〇年、『お囃子えりちゃん 寄席ばなし』恩田えり 著（イースト・プレス）二〇一二年

【協力】（五十音順・敬称略）

東家一太郎、池袋演芸場、市川市市川駅南口図書館、江戸家まねき猫、鏡味仙三郎社中、桂二乗、桂文我、桂まん我、桂 やまと、上方落語協会、雷門音助、北澤壮太、北村幾夫、国立劇場、サトウ企画、三遊亭絵馬、ショータイムスタジオ ウイッチステーション、末広亭、鈴木聡、関戸 勇、宝井琴調、橘右樂、橘家圓太郎、天満天神繁昌亭、ぴろき、松本優子、漫才協会、横浜にぎわい座、落語協会、落語芸術協会、ワザオギ

イラスト／中沢正人・水野ぷりん
写真／片野田斉
編集／内田直子
校正・編集協力／志村由紀枝
デザイン／鈴木守デザイン室（鈴木守・棚田貴宏）
DTP／明昌堂

日本の伝統芸能を楽しむ

落語・寄席芸

発　行　二〇一七年四月　初版一刷

著　者　大友　浩

発行者　今村正樹

発行所　偕成社

〒162-8450 東京都新宿区市谷砂土原町三-五
電話 ○三-三二六〇-三二二一（販売部）
　　 ○三-三二六〇-三二二九（編集部）
http://www.kaiseisha.co.jp/

印　刷　大日本印刷

製　本　東京美術紙工

NDC779　55p.　30cm　ISBN978-4-03-544740-5

©2017, hiroshi OTOMO
Published by KAISEI-SHA. Printed in Japan.

乱丁本・落丁本はおとりかえいたします。
本のご注文は電話・ファックスまたはEメールでお受けしています。
Tel: 03-3260-3221　Fax: 03-3260-3222
E-mail: sales@kaiseisha.co.jp